知的生きかた文庫

元刑事が教える
相手のウソの見抜き方

森　透匡

三笠書房

はじめに

元刑事が「ウソ」や「人間心理」の見抜き方を教えてくれるの？
いったいどんなテクニックを使っているんだろう？
おもしろそう！
あなたはこんなことを思って、本書を手に取ったのではないでしょうか。

私は警察官として約28年、そのうちの約20年を刑事としてすごしました。
刑事時代は詐欺、横領、選挙違反、贈収賄事件などを扱う部署に長く在籍、政治家、経営者、公務員、銀行幹部、詐欺師など、2千人以上の取調べや事情聴取を行い、その経験の中で「ウソや人間心理の見抜き方」を体得しました。

そして2012年に独立起業し、そのスキルが学べる場を「刑事塾」と名付け、講演、企業研修などの形で全国で登壇し、これまで7万人以上の経営者、サラリーマン、主婦の方に聴講して学んでいただいております。

刑事には様々なスキルが必要ですが、大事なスキルの一つが「ウソを見抜く力」です。刑事が相手にするのは犯人、目撃者、情報提供者など多種多様ですが、すべてを正直に話してくれる人ばかりではありません。

つまり刑事は「この人は本当のことを言っているのだろうか？」「この事件の真実はどこにあるのだろうか？」「この証拠は本当に事件と結びつくのだろうか？」などと、常に真実と向き合いながら仕事をしているのです。

では、刑事はどうやってこのスキルを体得しているのでしょうか？

実は我が国の警察では、警察官に「ウソの見抜き方」を教えていません。

「え、なんで？　じゃあどうやって学んでいるの？」と不思議に思うでしょう。それを教えない理由は「ウソの見抜き方は現場体験の中で学ぶもの。そもそも他人に教えられるものではない」と考えられているからです。

これは、ウソの見抜き方を体系的、理論的に教えている人がいない、という裏返しでもあります。

警察大学校で学んだ私ですら、「ウソの見抜き方」を一度も教わったことがありません。

残念ながら刑事歴数十年というベテランも自分のスキルとして持ち合わせているだけで、体系的に教えることができず、「個人のスキル」で終わってしまっているのです。これは本当にもったいない話です。

私が「刑事塾」を主宰して、「ウソを見抜くスキル」を世の中に広めようと思った理由は2つあります。

一つは「民間ビジネスの世界でこのスキルを使ってもらいたい」ということです。警察を辞め、ビジネスの世界に足を踏み入れた私は、このスキルを最大限活用しています。

商談相手が本当のことを言っているのかを知りたいとき、採用面接で応募者の本質を見抜きたいとき、詐欺師が騙そうと思って近づいてきたときなど、私はこのスキルで判断をしています。

すると、交渉もうまくいき、いい結果が生まれます。

もう一つの理由は、「現役の刑事の世界で使ってもらいたい」ということです。

警察組織が部外の講師に教わることはかなりの抵抗感があるでしょう。

しかし、私は元刑事です。28年間、警察官として奉職しました。私の培ってきたスキルを体系的に教え、再現性のあるものにしたら、きっと現役の刑事にも役立つと思うのです。その結果、刑事の取調べ技術も向上しますので、悪い人間を見逃すことがなくなり、我が国の治安は良くなります。それが私を育ててくれた警察組織に対する恩返しになるのではないか、と思うのです。

本書を手に取ってくださったあなたには、本書を読んで「刑事のウソを見抜く力」を身につけ、ビジネスを発展させていただきたいと思っております。

本書との出会いが、あなたの人生に大きな変化をもたらすことを期待してやみません。

森　透匡《ゆきまさ》

●もくじ

第1章　刑事のスキルはビジネスに使える！

第2章　刑事が現場で使う人間心理の見抜き方

第3章 刑事が使うウソの見抜き方

第4章 SNS、ネット上のウソを見抜く

第5章 商談で相手の心理を見抜く

第6章 部下の心理・本音を見抜く

第7章 ウソつきや詐欺師に騙されないために

本文イラスト　キムラみのる
本文DTP　株式会社Sun Fuerza
編集協力　金本智恵

第1章

刑事のスキルはビジネスに使える！

刑事の仕事はウソを見抜いて当たり前

あなたが刑事ドラマでよく見るシーン、それがまさに刑事の仕事です。「取調べ」「事情聴取」「尾行・張り込み」「聞き込み」「犯人の逮捕」「家宅捜索」……。その中で特に重要な仕事が「取調べ」や「事情聴取」という「人から情報を引き出す作業」です。この作業の難しさは、「相手が真実を話しているかどうかわからない」という疑問から始まることにあります。

まずは、犯罪者。彼らは基本的にウソを言います。誰しも自分の身がかわいいからです。

犯罪者は「自分だけが悪いわけではない」「他に比べたらたいした悪さではない」「少しでも罪を軽くしたい」と思います。自己防衛本能が働くからです。私の経験から言うと、**犯罪者が心底本当のことを話してくれる確率は、全体の60％程度です。**

それから被害者は、被害者感情から犯罪者を「絶対に許さない」という強い気持ちになります。詐欺などの被害に遭った場合、自分の落ち度を知られたくないという心理も働きます。そのため、被害程度を誇張したり、デタラメを言うこともあるでしょう。さらに被害に遭っていないのに、特定の人を罪に陥《おちい》らせるためにウソを言う人もいます。

最後に目撃者などの参考人。もちろん積極的に協力してくれる人もいますが、そんな人ばかりではありません。

「忙しいから事情聴取を早く終わらせたい」「何度も呼び出されるのは面倒だ」と思っている人もいます。つまりウソはつかないまでも十分な説明はせず、その場に合った適当なことを言う人もいるのです。

刑事はこれらの捜査対象者が「真実を述べているかどうかを判断する能力」がどうしても必要になります。それが「ウソを見抜くスキル」なのです。

ウソを見抜くのが難しい人とは？

私は知能犯担当の刑事として、いろいろな職種や立場の方の取調べや事情聴取を長く担当してきました。その中でも特に難しかったのは政治家や経営者でした。

一国一城の主は背負っているものが違います。ウソは背負っているものの違いで強固にもなり、軟弱にもなるのです。

たとえば、県会議員や市会議員などの政治家。

彼らは辞任したらタダの人です。立候補するにあたり、大きな借金をして選挙に臨み、苦労してやっと当選したのかもしれません。そして摑んだ議員報酬は年間1千万円以上になることもあります。それが辞職したらゼロになります。家族がいたら、明日から路頭に迷ってしまいます。

ですから、「怪しい橋を渡っても捕まらなければ……」と考える人もいて、いざ取調べになると必死に抵抗します。

まして彼らは市民、県民から選ばれた代表です。彼らの背後には何千票、何万票の支持があります。

その時点で彼らは一般人とは違うという自負がありますし、市民の立場で役所を監視監督するという意識もあります。というわけで、簡単に事実は認めません。その結果、取調べも困難を極めるのです。


経営者も同様です。

個人的に起こした犯罪について擁護する気はありませんが、談合や競売入札妨害などの犯罪は会社の利益のために行うケースがほとんどです。そのため、**そもそも悪いことをしたという意識が薄くなります。**

その上、仮に検挙されると公共工事の指名停止処分や、社会的信用の欠如などあらゆるハンデを背負うことになります。その結果、下手をしたら倒産するかもしれませんし、家族同然の社員も解雇せねばなりません。当然ですが、簡単には認められないので抵抗するのです。

人間というのは失うものが大きければ大きいほどウソが強固になり、結果としてウソが見抜きにくくなるというわけです。

また、「男性と女性ではどちらのほうがウソがうまいか?」という質問をされることがあります。私の個人的な経験からすると、**女性のほうがうまい**と思います。

取調べの場面では、男性は目を逸らして視線を合わせない人が多いのです。ところが女性は逆に目を合わせてくる人が多い。**女性は刑事の顔を見ながら「自分のウソが見抜かれていないか」を見抜こうとしている**のでしょう。ですから私は、女性の取調べは苦手でした。

生物学的な視点からも、それは言えます。

男性は怪しい人物や危害を加えようとする人物が近寄ってきたら、腕力でカバーすることができます。

ところが女性は腕力では身を守れません。ですから、直感や匂いなど五感の作用を総動員してウソを見抜いたり、ウソをついたりして身を守ることになるのです。妻の直感が鋭いのは、そんな理由なんですね。

やはり女性にウソをつくのはやめたほうがよさそうです。

ウソの見抜き方は教えてもらえない

刑事にとってウソを見抜くスキルは極めて重要です。

アメリカでは、ＦＢＩやＣＩＡの元捜査官が「ウソを見抜くスキル」を教えるコンサルタント会社を設立して、現職の警察官に教えているケースもあります。

しかし、「はじめに」でもお話ししたように、私の知るかぎり、我が国にそんな会社はありませんし、そもそも警察学校ではウソの見抜き方を教えていません。つまり、**我が国の刑事は実体験と独学で学ぶしかない**のです。

世の中には、ウソを見抜く必要性が高い職業はたくさんあります。

公務でいえば警察官を筆頭に、国税調査官、海上保安官、自衛官、それらに加えて許認可が絡む役人などはすべてそうですよね。民間では、金融機関の与信担当者、空港の保安検査の警備員、企業の採用面接官……挙げればキリがありません。

実はこれらの方々も、ウソの見抜き方を誰からも教わっていません。自分の実体験と独学で学んでいるのです。これは、**我が国にはウソを見抜くスキルを学べる風土や教育制度がない**ことを物語っています。

以前、私の後輩で現職の刑事が、私の主催するセミナーに参加しました。

彼は「後輩の刑事からウソの見抜き方を聞かれても教えられない。だから、森先輩に教わりにきました」と言うのです。

つまり彼は、なんとなくウソを見抜いていますが、体系的な理論としては構築されていません。だから後輩に教えられないのです。

セミナーに参加した彼は「すごく勉強になりました。現職に教えてあげて欲しいです」と言っていました。

警察官も含め、ウソを見抜くスキルを向上できたら、仕事の成果はもっと上がるはずです。私は、このスキルがどんどん世の中に広がることを望んでいるのです。

ウソが見抜ければ、交渉はうまくいく

「ウソを見抜く」というスキルは、どちらかというとネガティブに聞こえがちです。

私は大手企業でも研修を行っているのですが、「お客様を疑っているような研修テーマですよね」と言われることもあります。

また、「採用面接でのウソや人間の本質の見抜き方」というテーマの研修でも「応募者を疑ってかかるようでかわいそうだ」と感じる方もいるようです。

これは「ウソを見抜く」ということが、「相手が本当のことを言っていない、つまりウソを言っていること」を前提としているからです。

「商売には信頼関係が大事なのに、その信用を端から疑っているとは何事か」、そんな意味合いにも捉えられます。

しかし、もし**相手のウソが見抜けたらどうでしょうか。正しい情報を得ることができで**

き、その結果、正しい判断ができるため、自分が求める最善の結果に近づくことができます。当然、騙されることはありません。

たとえウソを完全には見抜けなくても、相手からウソのサインを読み取ることができれば、そのあとの交渉は注意を払うので質問内容も変わり、交渉力は向上します。

交渉に必要なコミュニケーションスキルとして、説明力、表現力、傾聴力、質問力、説得力など個別のスキルがありますが、これらに加えて、これからは「ウソを見抜く力」を身につけましょう。そうすることで、**有利な状態で交渉や商談に臨むことができるようになります。**

つまり、「ウソを見抜くスキル」は決してネガティブなスキルではないのです。

刑事の雑談

「刑事は制服の警察官よりエライのか?」

刑事ドラマでは、殺人現場に私服刑事が到着すると、現場保存中の警察官が敬礼をして迎え入れるシーンがあります。あれを見ると、刑事のほうが偉そうに見えますよね。その影響もあるのでしょうが、「制服の警察官より刑事のほうがエライのか?」と質問されることがあります。

その答えは……刑事が偉いということはありません。

そもそも警察は階級社会なので、上司と部下は階級で区別されています。巡査からはじまって巡査部長、警部補、警部、警視、警視正……の順番で偉くなります。ですから制服の警察官が「巡査部長」で、私服の刑事が「巡査」ということもあります。そのときは、制服の警察官のほうが階級上は偉いということになります。

刑事は専門職ですから、イメージとして警察官より偉く見られがちなのかもしれませんね。

ちなみに警察組織で偉くなるには、毎年定期的に行われる昇任試験に合格しなければばなりません。階級上、警視正以上は国家公務員となり、試験はありませんが、巡査部長から警視までは試験で昇任していきます。ですから警察官は生涯にわたり、勉強しなければなりません。

警察官の家庭では娘や息子が大学受験、お父さんは昇任試験で机を並べて勉強ということが普通にあります。私も学生時代よりも警察に入ってからのほうが勉強をしたように思います。

昇任試験の内容は予備（S・A試験）、一次（論文試験）、二次（面接、点検教練）が一般的です。法律を使う職業ですから、憲法、刑法、刑事訴訟法はもちろん、道路交通法、風営法などの特別法も勉強する必要があります。

階級社会の優れた点は年功序列ではなく、実力社会だということです。ですから努力次第で、先輩を簡単に追い越すことができます。

やる気のある人間にとっては、非常にいい制度だと思います。その代わり、若くして偉くなると先輩ばかりが部下になり、これをうまく使っていかなければなりません。

警察幹部は自然とマネジメント力も身につく組織なんですね。

第2章

刑事が現場で使う人間心理の見抜き方

犯人になりきる

刑事の仕事には、とにかく相手の心理を読まないといけない場面が多くあります。犯罪者の取調べをはじめ、被害者や目撃者の事情聴取など、すべての活動が、相手の心理を読む作業です。この章では、刑事が現場でどうやって人間心理を読んでいるのかを説明します。

人間心理を読む場合、「目の前にいる人間」だけではなく、「目の前にいない犯人の心理」も読む必要があります。これは、見えない犯人を捕まえるための刑事の大事な作業です。

捜査の基本として「現場百回」という言葉があります。「事件は現場で起きている。基本は現場だ。最低百回は現場に行って現場に立ち返って捜査しろ」ということを言っています。

それでは現場に赴いた刑事は何をするか？　犯人になったつもりで犯人の心理で考えます。つまり**「自分が犯人だったらどうするだろうか？」ということを現場で推察するのです。**

たとえば、空き巣事件。そもそもなぜ犯人はこの家を狙ったのだろうか？　家の外景、周囲を見て考えます。

侵入口は1階のリビングにある腰高窓、なぜここから入ったのだろうか？　侵入するときに手はどこに置くだろうか？　侵入用具は何を使ったのだろうか？　部屋に侵入したらまずどこを探すだろうか？　……犯人になり代わって考えていきます。

その際、すでに発見された証拠にも注意します。証拠の点をつなぎ合わせていきながら犯人の心理と行動を推察していくのです。

この作業をしていると自分が犯人であるかのような錯覚に陥ります。

刑事は「犯行当日の現場の風景」に染まっていくのです。そこまでいくと詳細な犯人の心理も見えてきます。

私は知能犯担当の刑事でしたので、銀行の預金元帳の数字の動きから犯人の心理を読むことがありました。

ある市役所の幹部職員が、業者に入札情報を与えた見返りに賄賂を要求し、現金100万円をもらったという事件がありました。

幹部の預金元帳を精査すると、現金がA銀行に入金されたあと、翌日にはクレジットカードの支払代金として引き落とされていました。

さらに押収された領収書を見ると、高価な貴金属を現金で購入していることがわかりました。購入した貴金属の種類などから妻ではなく、若い女性、つまり愛人にプレゼントした可能性が浮上。捜査の結果、20代のクラブのホステスと交際していることが明らかになったのです。

このようなことから、幹部職員が業者に賄賂を要求した動機は、「愛人との交際費で出費がかさみ、金に困っていたから」ということが推察できました。そのあと幹部職員の供述からもそれが裏づけされたのです。

つまり、**証拠となる金の使途先を調べれば、そのときの犯人の心理が読め、犯行の動機まで見えてくるというわけです。**

自分の常識が判断ミスを犯す

目の前にいない犯人の心理を読むときに基準となるのは、「普通はこんな行動をとるだろう」という人間の行動原理と一般的な常識です。実はこれ、**推理をする刑事の社会経験や人生経験で変わってしまうことがあります。**

それを物語るこんな事件がありました。

私が警察署で当直勤務についていたときのことです。

酔っ払いのサラリーマンから110番通報があり、「帰宅途中にオヤジ狩り（強盗）の被害に遭った」と届け出がありました。そのサラリーマンは若い男に因縁《いんねん》をつけられて殴られた上、財布だけを強奪されたと供述しました。

しかし、話を聞いているうちに、自分で転倒して怪我をしたのにウソを言っているのではないか、という疑いが浮上しました。

それは話の節々に「うちは恐妻家である」ということを漏らしていたからです。奥さんの手前、転んで怪我をしたとも言えず、とっさに虚偽の被害申告をしたのではないかという疑念が出てきたのです。

そして奪われたという「財布」の中には、現金がほとんど入っておらず、上着のポケットやズボンのポケットに札と小銭がバラバラに入っていたと言います。

被害者の供述によると、居酒屋をひとりで数軒はしごして、その支払いの度に1万円札や五千円札を出したのですが、釣りの札と小銭は財布に入れず、その都度、上着やズボンのポケットに入れたらしいのです。

そこで酒を一滴も飲まないA主任が疑問を口にしました。

「釣りをもらったら、財布に入れるのが普通じゃないのか?」

「なぜ上着やズボンのポケットに入れる必要があるのか?」

おわかりだと思いますが、これは酒を飲まないA主任の常識に照らし合わせての疑問でした。

酒を飲む人ならわかるはずですが、特に泥酔しているといちいち財布に入れるのも面倒になり、釣りを上着やズボンのポケットに入れることがあります。数日後「あれ、こんなところに5千円が」と忘れたころに出てきて喜ぶことってありますよね。酔っ払いの常識としては当たり前ですが、酒を飲まない人からすると不思議なのでしょう。

私はA主任の疑問に異を唱え、酔っ払いの通常の行動、心理について解説してあげました。A主任は「そんなもんなのか」と納得していましたが……。

つまり、**自分の常識で相手の心理を読むと誤る可能性がある**ということです。結果的にこの男性は本当に強盗被害に遭っており、後日、現場近くに住む不良が逮捕されました。男性の供述はウソではなかったのです。

そういった意味で刑事は**日頃からいろんなことに興味を持ち、いろんな体験をすることで発想力を育て、常識的な判断力を身につけることが必要**となります。

警察の社会では、新人刑事は先輩刑事から「いろいろな経験をしろ」と教えられます。パチンコ、競馬、競輪などのギャンブル、それからスナック、キャバクラなどの風俗営業店、もちろん合法的にですが「飲む、打つ、買うは一通りやってみろ」と言われるのです。体験が常識を変え、発想力を養うというわけです。

相手の言葉はウソだらけ

それでは目の前に相手がいる場合は、どうやって心理を見抜くのか？　それについて説明します。

非言語コミュニケーションに注目する

有名な「メラビアンの法則」をご存じでしょうか。

聞き手が相手へ好意を抱くときに影響するものは「言葉の中身」が7％で、「周辺言語」が38％、「見た目（顔の表情など）」が55％である、という法則です。

人間は言葉による「言語コミュニケーション」と、仕草や態度などによる「非言語コミュニケーション」でコミュニケーションをとっています。

我々は言語については学校で教わるのでよく知っていますが、非言語について教わることはありません。なんとなく普段の体験の中で非言語コミュニケーションを学んでいるのです。

そして、**「言語」と「非言語」に不一致があった場合には、「非言語」のほうが正しいという判断をします。**

たとえば、あなたの部下が失敗をしました。失敗の原因について聞き、叱責しました。そのあと、あなたの前にきた彼は「課長、すみませんでした」とふてくされた態度で謝ってきました。さてあなたは「言葉」と「態度」のどちらで社員の心理を読み取りますか?

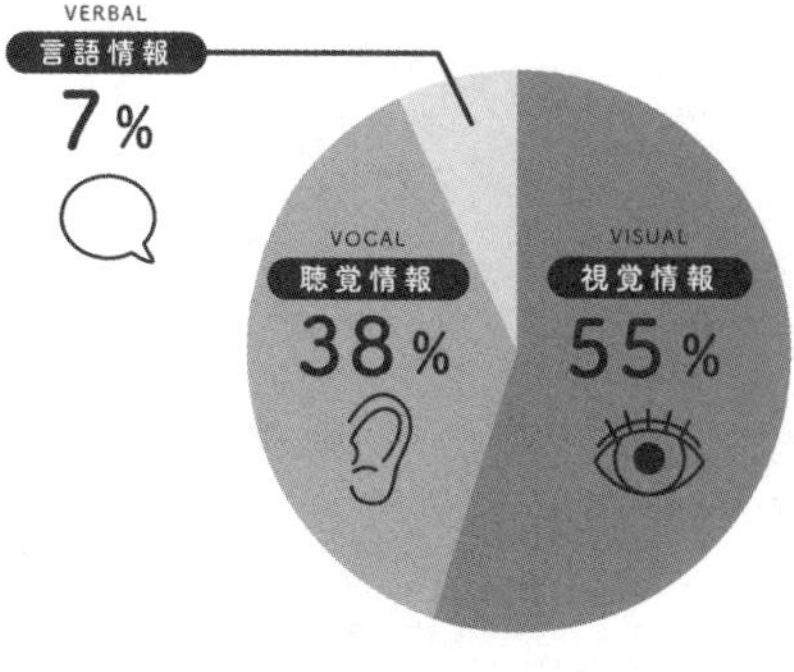

当然ですが、「ふてくされた態度」ですよね。その態度を見て「反省してないだろう!」と激怒するのではないでしょうか。

つまり我々は「言語」と「非言語」に齟齬《そご》があった場合には、「非言語のほうが正しい」ということを知らず知らずのうちに肌で感じているのです。

また、著名なイギリスの動物行動学者デズモンド・モリスは、「人間の動作で信用できる順番」について、

- 自律神経信号（汗が出る、手が震える、顔が赤くなるなど）
- 下肢（足の向き）
- 上肢（上半身の姿勢）
- 意味のわからない手振り（話し手の無意識な手振り）
- 意味のわかる手振り（バイバイと手を振ったり、Vサイン）
- 顔の表情
- 言語

と言っています。

つまり、彼は**一番信用できないのは「言語」**であると言っているのです。

それはそうですよね、人間は言葉でウソを言いますし、実際の心理とは違った感情

を言葉で飾ることができますから。

次に信用できないのが、**「顔の表情」**と言っています。

人間はおかしくなくても笑ったりしますよね。つまり顔の表情で心理を誤魔化しま す。ですから、採用面接で、ハキハキ答えてニコニコしている応募者を見て、「この子はいい！」と採用を決めると、間違いが起こりやすくなります。飾れるところしか見ていないので、騙されてしまうのです。

つまり、**人間の動作の中で自分ではコントロールできない部分に注目すると本当の心理を読むことができる**のです。その最たる部分が自律神経信号であり、下肢、上肢と続きます。

人間が飾ることのできない無意識な部分には、心理を読むヒントが隠されています。従って、刑事は捜査の現場で非言語コミュニケーションにも注目して、相手の心理を読み取るのです。

自律神経信号に注目する

デズモンド・モリスは「自律神経信号」がもっとも信用できるとしています。これは人間がコントロールできない最たる部分だからです。**ウソをつくと顔が赤くなったり、青くなったり、手が震えたりします。**これはその人の心理を物語っているのです。もちろん緊張した場合でも、自律神経に出るので見極めが必要です。

刑事課長時代のこんな事例があります。

銀行の窓口に若い男性が新規で口座開設にきて、身分証明書として運転免許証を提示しました。

窓口担当者が「口座開設申込書を記入してください」と申込書を手渡したところ、目の前で書き始めました。しかし、なぜか**書く手が震えています。また、顔が引きつり、こわばっているのです。**

窓口担当者は最初、「緊張しているのかな?」と思ったそうです。でもあまりにも態度が違うので、直感が働き「もしかしたら何かやましいことをしようとしているのでは？」と思ったそうです。

それとなく男が提出した運転免許証をよく確認したところ、口座開設申込書に書かれた氏名の字体が微妙に違っています。

裏から警察に通報して調べてもらったところ、偽造であることがわかりました。まさに自律神経信号の反応に気づいた結果、犯行を未然に防いだ事例でした。


またこれは、私の交番勤務時代の事例です。

ある晩、在所勤務していたところ、「侵入盗の被疑者が逃走中」という緊急無線を傍受し、バイクで現場に向かいました。現場の近くまで赴き、周囲を注視していると、たまたま路地から小走りに出てくる若い男を発見したのです。その男は路地から出たところにあるコンビニにそそくさと入りました。

私は男がきたのが発生現場の方向であり、時間的にも近接していることから不審と認め、店の前で男が出てくるのを待っていました。暫くすると男がコンビニから出てきたので職務質問を開始しました。

「ちょっとよろしいですか？」声をかけるとその瞬間、**男の顔がこわばります。**

「え、何ですか?」

「すぐ近所で事件がありまして事情を聞きたいのですが」

「あ、はい、何でしょう」

男は終始落ち着きがなく、ついさっきまで空調のあるコンビニの店内にいたにもかかわらず**額には汗が流れ出ていました。**

「身分証明書ってお持ちですか?」

「あー、ありますけど」

素直に財布から運転免許証を差し出しました。しかし、手がわずかに震えています。男は質問に素直に答えてはいましたが、**顔は紅潮し、そわそわする**など、通常の緊張とは違う極度の自律神経信号を出していたのです。

私は「この男に間違いない」とパトカーの応援要請を求め、警察署に任意同行しました。そのあと、この男は逃れられないと観念して事実を認め、被害住民の面通しにより緊急逮捕しました。

このように自律神経信号は無意識で出てしまうものなので、心理を読む際の大きなヒントになることがあります。

職務質問では足先に注目

デズモンド・モリスは、「人間の動作で信用できる順番」の2番目は「下肢信号」だと言っています。

下肢、つまり**下半身は人間の体から離れたところにあるので、油断して本音を隠しきれずに出ていることが多い**のです。

ですから、当然刑事は現場で足先に注目します。

たとえば、自転車に乗っている人を止めて職務質問することがあります。

「お急ぎのところすみません、身分証明書か何かお持ちですか？」

「あー、免許証ならありますけど……」

と手渡したときの足先を見るのです。

何かやましいことがあって**「この場を逃れたい」と思っている人間は、足先が外側を向きます。**警察官のほうに向かって真っすぐには向いていないのです。顔は平静を装っていますが、心理状態が足に出ているわけですね。

税関の職員が入国審査でどこを見ているか？　やはり入国者の足に注目しています。笑顔で「ハロー」とにこやかに挨拶しますが、足先が外を向いていた場合、「ここから早く立ち去りたい」という合図です。

もしかするとやましいものを所持しているかもしれませんし、パスポートが偽造されているかもしれません。


日常生活でも「足先」を見ていると、いろんな心理がわかります。会社の廊下で普段あまり顔を合わせない、違う部の課長に会いました。

「課長、久しぶりですね」

「そうだね」

そう話す課長の足先を見ると、廊下の先の部長室を指しています。きっと決裁を仰ぎに行く途中なのでしょう、話している時間はない、と足先が示しています。

「あ、すみません。お急ぎですね、失礼しました」と言うと、「お、悪いね、また」と課長は言ってそそくさと部長室のほうに歩いていきました。

つまり廊下での立ち話でも相手の足先を見れば、ここに留まって話をしたいのか、さっさとその場を離れたいのかがわかるというわけです。

また**足先は異性の心理を読むときにも使えます。**

初デートで女性と食事をします。

相手の女性の足が自分のほうにきちんと向いていれば大丈夫です。しかし、足を組んで足先が出口を向いていたり、あなたのほうに向いていない場合は「早く帰りたいな」という合図なのかもしれません。

通常は足先にまで意識がいかないので、無意識に本音が出てしまうものなのです。

ガサ入れでは目に注目

「目は心の窓」と言いますよね。**人間の心理は目の動きで読むことができますし、その人が今どんなことに興味を持っているかということもわかります。**当然ながら、私も刑事時代は対象者の目を見て心理を読んでいました。

たとえば家宅捜索。通称「ガサ入れ」と呼びますが、私も責任者として行くことがありました。家宅捜索は、裁判所から出た捜索差押許可状を立会人（家人）に示してから捜索が始まります。

責任者の私は何をするかというと、立会人と雑談を始めます。「ここは何人で住んでいるの？」「たまには誰かくるの？」と質問しながら、立会人の目の動きに注目するのですね。

あるとき、立会人と会話をしていると、立会人の目がなぜか天井をちらちら見ていることに気づきました。「天井裏に何かあるかも」と直感的に感じた私は、捜査員に「天井裏をよく見てくれ」と指示したところ、案の定、禁制品が出てきて逮捕したという事案がありました。

私は国税の査察官、通称マルサの知人からも同様の話を聞いたことがあります。その知人がある社長の自宅に捜索に入ったときのこと。

社長を目の前に話を聞き始めると、なぜか落ち着きがない。会話をしながら社長の目を注視していると、窓の外の庭をちらちらと見ている。

「もしかしたら庭に何かあるのかも？」と直感が働き、そのあと、庭の池の脇を掘り起こしたところ、脱税していた現金の束が発見されたそうです。

人間の心理として隠匿《いんとく》場所を無意識に示してしまうといういい例です。


また「スリ眼」という言葉を聞いたことがありますか？

実はスリには特有の目の飛ばし方があります。通常、買い物客の視線の先には何があるでしょうか？　それは「商品」です。これは当然ですよね。

ところがスリが興味のあるものは、お客様の「カバン」です。ですから買い物客の中からスリ特有の目の飛ばし方である「スリ眼」を見つけてスリを捕まえるのです。

これは「痴漢」にも言えます。ちなみに痴漢は「エロ眼」と言います。

通勤ラッシュ時、通常の通勤客と明らかに違う目の飛ばし方をしている男がいます。駅のホームにいる女性の足ばかり見ている男がいたら、それは痴漢や盗撮犯に間違いないわけです。

実は刑事はいろんな場所に紛れ込み、目の動きで犯罪者を見つけているんですね。

このように目の動きを見ていると、相手が何を考えているかその心理を読むこともできます。

特に**悪事を働いている者は周囲と明らかに違う目の動きになる**ので、それを見て心理を読むことになります。

2022年7月、奈良県奈良市の大和《やまと》西大寺《さいだいじ》駅北口付近にて、安倍晋三元内閣総理大臣が選挙演説中に銃撃され死亡した事件がありました。

あの当時、現場にいた方々が撮影していた動画に犯人の男が映っており、ニュースでそれを見た方も多かったと思います。

犯人の男はまさに視線を左右に振る「頭を振る動作」を繰り返していました。

つまり「SPをどこに配置しているか?」「どこから撃ったらいいか?」などと、周囲の状況を観察していたため、視線が左右に動き、頭を振る動作になりました。**悪いことをする人間は「頭を振る」**ことを覚えておいてください。

姿勢は何かを語る

上肢、つまり姿勢も何かを物語っています。上半身の角度は「興味の角度」とも言われます。**人間は興味があればあるほど前のめりになり、興味がなければ後方に倒れていきます。**つまり、そこで相手の心理を読むことができます。

刑事時代、取調べをしていて犯人の姿勢にも注目しました。

ウソをついているときは背もたれに深く座り、首を横に振ったり、質問に対しても無反応であることが多いのです。

ところが「それは違います」と真実を述べたいときや、「ここは弁解したい」と必死に説明するときは前のめりになります。**自分に興味のある話であれば、前のめりになるのが自然な人間の仕草**なのです。

また上半身の揺れは感情の揺れでもあります。**会話をしていて縦に揺れる場合は相手の話を承認して頷きながら聞いているケースが多いのですが、横に揺れ出す場合に**

は否定的な感情を持っています。体で「NO」と示しているのです。

話をしていて**相手の上半身が斜めに向いている場合、つまり正対していない場合も拒絶や不満、疑問を持っていることが多いです。**いわゆる「斜に構える」という状態ですね。

あなたも嫌いな人や苦手な人の前だと斜に構えて話すことがあると思います。上半身の姿勢も心理を物語るのです。

身振り手振りはウソを隠している

人間は会話をしながら身振り手振りをします。ほとんどは会話の内容を補充したり、強弱をつけたりするために無意識に身振り手振りを加えているのです。

ところが**ウソをついている人は、身振り手振りがなくなる傾向にあります。**「手が死ぬ」という仕草になるのです。

ウソをつくと頭の中で辻褄《つじつま》合わせをしなければならないので、頭に集中します。そうすると上半身が硬くなります。

取調べでも最初は机の上で手を組んで話していることが多いのですが、追及されてウソをつき始めると手が机の下に隠れて見えなくなります。

「手の内を明かす」という言葉がありますよね。**正直に話している人は手を見せて話すのです。**

嫌いな人、近づきたくない人と話すときは、腕を組むことがありませんか？　これは「あなたとは話したくないという」心理を物語っているのです。

ニュースを見ていると、たまに事件の犯人を逮捕前にインタビューしていたという映像が流れることがあります。そのとき、犯人が身振り手振りを入れて熱く会話しているのをあまり見たことはないはずです。

ほとんどの犯人は上半身が硬くなり、「いや知らないですね」「私は関係ないですけど」と緊張した面持ちで答えています。

記者の質問に対してウソの返答を必死に集中して考えるので、自然と身振り手振りが少なくなるわけです。

その昔、アメリカのクリントン大統領が国民から支持が高かったのは、演説のときに身振り手振りが多く、聴衆に信頼されやすい仕草が多かったからとも言われています。逆にヒラリーさんがイマイチ人気がなかったのは、聴衆に対し、横を見て手を振ったり、握手するときもお腹を相手に見せずにすることが多いからとも言われています。

仕草というのは、人の信頼を得る意味でも重要な役割を果たしていると言えるでしょう。

顔の表情は真理を表す

人間の顔には44個の筋肉があり、それらが組み合わさって動くことで表情になります。

日本国内では数少ない認定FACS（顔面動作符号化システム）コーダーの一人で、日本で唯一の微表情読解に関する資格を持つ「株式会社空気を読むを科学する研究所」の代表である清水建二さんは「微表情」の研究家として有名です。

怒り

まゆ、口唇が怒りで力む

悲しみ

上まぶた、口角が下がる

嫌悪

眉間にしわがより、上唇が上がる

喜び

口元がほころび、口角が引き上がる

微表情とは、抑制された「真の感情」がフラッシュのように一瞬で顔に表れて消え去る表情のことを言います。その多くは0・2秒以内の出来事で、通常の会話では80~90%が見落とされてしまいます。

人間の基本的な感情を示す表情は人間の遺伝子に組み込まれています。ですから喜びや幸せ、驚き、軽蔑、恐怖、嫌悪、怒り、悲しみを示す表情は世界のどこでも共通なのです。

事実、欧米では「ウソを見抜く」ためにＦＢＩなどの取調べの分野で大いに活用されています。

刑事の雑談

「刑事の給料は大企業並み？」

刑事は安月給というイメージがありますよね。でも、実は刑事の給料は決して安くありません。

私は今、会社を経営していますのでよくわかりますが、刑事は待遇面では非常に恵まれていると思います。

ご存じの通り、刑事の仕事は過酷です。特に警察署の刑事は昼夜問わず呼び出されて事件に対応することもありますし、週に一度は当直勤務もあります。

体力的にも精神的にも非常にキツイ仕事です。ですから単純に民間の仕事と比較にはなりませんが、皆さんのイメージよりも高い給料をもらっていると思います。

ちなみに刑事の中で給料が一番高いのは誰だと思いますか？

警察署を例にするとおそらく「刑事課長」（階級は警部）でしょう（警視庁は役職構成が違うため除きます）。

刑事課長は刑事課の指揮官ですから、それこそ寝る暇もなく事件に対応しています。私が刑事時代に一番やりがいを感じ、仕事としておもしろかったのは「刑事課長」でした。

数十名の刑事を、自分の好きなように動かして犯人を捕まえることができます。これは刑事課長ならではの醍醐味です。しかし、刑事課長を2年間も経験すると、正直なところ「もう十分」という気持ちにもなりました。

刑事課長は非常にやりがいのあるポジションではありますが、精神的負担が重い仕事です。仮に判断を誤ると人の命にも関わることもあります。

刑事課長は重責ですから手当が多くつくのが普通ですし、年収1千万円を超える者は普通にいると思います。

今思うと非常に恵まれていましたね。零細企業の経営者で常時それだけ役員報酬をもらっている人は少ないでしょう。そう考えると警察官だけでなく、公務員はどれだけ恵まれているかということを知るべきですし、今さらですが、それに見合う仕事をしっかりとやらないといけないと思います。

第3章

刑事が使う
ウソの見抜き方

ウソのサインは「話し方」と「仕草」に表れる

私は23歳で巡査部長に昇任し、すぐに刑事になりました。昇任して異動した先の副署長がたまたま本部の知能犯担当の元幹部だったので、「やる気があるなら」と本部に推薦してくれたのです。

刑事になりたかったので嬉しかったのですが、警察署の刑事課はベテランばかり。はじめての刑事でしたし、年齢が若かったのでかなりビビったのを覚えています。

この警察署では刑事の人数が少なかったため、知能犯罪だけでなく、多種多様な事件の犯人や容疑者を取調べる機会が多くありました。

前科20犯の粗暴犯、暴力団の幹部、常習の下着泥棒、痴漢をした銀行員、万引き少年など、罪名、年齢、性別、職業もさまざまです。

当然ですが、犯罪者の中には自分の罪を認めなかったり、認めても罪を軽くしたいためにウソを言う者がたくさんいました。

しかし当時の私は、相手のウソを見抜くことができませんでした。悩んだ私は、休日になると図書館へ行ってウソに関する本を読み漁りました。また、先輩の取調べに立ち合わせてもらい、背後で様子を観察しました。

さらに、行動原理を探るために、電車に乗ったときや買い物に行ったときなどは、人間観察をし続けました。今考えれば、かなり怪しい人だったかもしれません。

そして数年経ったある日、ウソをつく人には共通点があることを見つけたのです。私はそれを「ウソのサイン」と呼んでいます。

「ウソのサイン」は突然表れるのではなく、「刺激」によって表れます。つまり会話中の「質問」が「刺激」となり、相手の「話し方」や「仕草」に表れることがわかったのです。

最初に気づいたのは**「逆ギレ」**という「話し方のウソのサイン」でした。特に暴力団や粗暴犯にその傾向は強く、彼らは自分の立場が悪くなると必ずといっていいほど逆ギレして怒り出すのです。

「ふざけるな、若造の癖に！　偉そうなこと言ってんじゃねーぞ！」など罵声を浴びることがよくありました。

「逆ギレ」は自分のウソが見破られそうになったり、答えに窮すると相手を威圧して追及の手を緩めさせる目的で行われます。

次に「仕草のウソのサイン」があることがわかりました。このサインは姿勢、身振り手振りなどの非言語コミュニケーションに表れました。

万引きの常習者の取調べをしていたときのことです。

会話をしながら手の動きに注目していると、私の「質問」のあとに左手で**「顔を触る」**のです。それも家族の話やどうでもいいプライベートの話では手は動きません。犯罪に関わる質問をするとなぜか手が持ち上がり、顔を触ります。これを発見したときは、思わず笑いそうになったことを覚えています。

「人間にはウソのサインがある」

それからは日々の取調べや事情聴取で研究を重ねました。

ウソの定義と種類

「ウソ」を辞書で調べると、「事実でないこと、また事実ではないことを言うこと」と解説されています。ウソは誰もがつきますし、ウソをついた経験のない人はいないでしょう。

ウソの種類は、

・調和のウソ
・着飾りのウソ
・騙しのウソ
・防御のウソ

の4つと考えられます。

「調和のウソ」はコミュニケーションとして必要とされるウソです。

相手に本当のことを言ったらショックを受けたり、傷ついたりするところで事実をオブラートに包んで話すことがあります。

たとえば、奥さんに「私、太ったでしょ?」と聞かれて、本当は「だいぶ太ったなー」と思っていたとします。そんなときに奥さんを傷つけないために「いやそんなことないよ、いつも綺麗だよ」と言いますね。つまりお世辞は調和のウソになります。

「着飾りのウソ」は自分を着飾って大きく見せたり、良く見せたりするためのウソです。

たとえば、採用面接で使うウソです。

応募者は自分を良く見せるために着飾ってきます。着飾りのウソはウソの程度が弱いので見抜くのは難しいかもしれません。

「騙しのウソ」は詐欺のウソです。相手を陥《おとしい》れたり、騙して何かを得ようとする際につく悪いウソです。

違法行為を行うときに使うウソは騙しのウソになります。自分の身を守るためにも見抜かないといけません。

「防御のウソ」は自分を守ったり、人を守ったりするためのウソです。

会社に遅刻したとき、本当は寝坊なのに電車の遅延を理由にしたりする場合を言います。また部下のミスをカバーするために、上司があえてウソを言う場合もあるでしょう。

このように人間は生まれたときから大きなウソや小さいウソ、悪いウソやいいウソをついているのです。

では、人間にとってウソは必要でしょうか？

「ウソも方便」とも言いますし、ときにウソは円滑な人間関係を築く上での潤滑油にもなります。もしウソがなくなってしまったら、人間関係はギクシャクしてしまうかもしれません。

「調和のウソ」だけは、円滑な人間関係において唯一必要なウソになるのです。

ウソはどんどんうまくなる

ウソつきはウソに慣れてくるものでしょうか？

ウソを何度もついているとウソがうまくなるのでしょうか？

当然ですが、**ウソを何度もついていると、ウソをつくスキルは向上します。**心理的な慣れが出て、罪悪感も薄れてきます。もちろんウソの程度にもよりますが、うまくなるのは間違いありません。

私は刑事時代にいわゆる詐欺師を取調べる機会が沢山ありました。人を騙して金品を騙し取るのが詐欺師です。

近年、振り込め詐欺をはじめ、詐欺を働く人間は増えてきているわけですが、彼らは自分らの「商売」のためにその方法を使います。

自分たちが食べていく手段として詐欺をしているので、悪いことをしているという意識がありません。そしてウソをつくことに慣れてきます。そうなるとウソをつくスキルは磨かれて当然ながらウソをつくのがうまくなります。

また、宗教団体で信者が洗脳されて悪事を働くケースがあります。

たとえば二束三文《にそくさんもん》の壺を「悪霊を取り除くために買ったほうがいい」と告げて買わせる霊感商法がそうです。

これらの信者は、そもそも洗脳によって悪いことをしているという意識がありません。そしてウソをついているという意識もありません。

よって上手にウソをつくことになります。ウソはつけばつくほど、そして場数を踏めば踏むほどうまくなるのです。そしてウソをつくのがうまい人間は罪悪感がないので、取調べも困難を極めます。「その行為は相手を騙してるんだから詐欺なんだよ」と説明しても「騙すつもりはなかった」という詐欺師は多くいました。

供述調書でも「○○さんを騙すつもりで○○と言いました」などと録取すると、「その騙すという言葉は書かないでもらえませんか……」などと言う者もいて、その度に「あのね、これは騙したということなの。だから詐欺なんですよ」と言い聞かせていました。往生際《おうじょうぎわ》が悪いのも詐欺師の特徴かもしれません。

ウソをついているサイン

ウソはどうやって見抜くのか？

ウソをついている場合、投げかけた質問を契機として「ウソのサイン」が表れます。

前述のように、ウソのサインには**「話し方」**と**「仕草」**のサインがあります。

片方でも両方でもいいのですが、このサインが感じられたら、ウソをついている可能性が高いです。

ここでは、「選挙違反事件で投票する見返りに現金をもらった」という現金買収事件をもとにして質問の答え方を例示します。

「話し方」のウソのサイン

質問に答えることができない

質問に対して答えられずに、質問の答え以外のことを話す。

たとえば、現金買収事件で「どこでお金をもらいましたか?」との質問に対し、「その日は、自宅で一日寝ていたが来客はなかったな」などと、質問の答え以外のことを話す場合。そもそも質問に答えていない。

質問を繰り返す

質問に答えずに、そのまま相手の質問を繰り返す。

たとえば、「どこでお金をもらいましたか?」と聞かれて、「どこでお金をもらったかって?」と質問をオウム返しする。

簡単な質問が理解できない

考えなくても答えられる質問に対して、「質問の意味がわからない」などと理解を示さない。たとえば、「どこでお金をもらいましたか?」と聞かれて、「どういう意味ですか?」と質問の意味を問い直す。

お金をもらったかどうかは、いちいち聞き返さなくても理解できる質問である。

逆ギレする

犯罪者ややましいことがある人は、必ずといっていいほど逆ギレする。ウソつきは自分に信用がないのがわかっているので、相手を怒って説得しようとする。

たとえば、「どこでお金をもらいましたか?」と聞くと、「なんでそんなことを言わなきゃいけないんだ。いい加減にしろ!」などと急に怒り出す。

質問の手順や方法に文句を言う

「こんなところで職務質問をしていいのか」「違法な家宅捜索だろ」などと質問に対

する手順や方法に不満や文句を言う。矛先《ほこさき》を変えようとする意図で行われる。

たとえば、「どこでお金をもらいましたか?」と聞かれて、「この取調べは違法じゃないか。夜中の取調べは人権侵害だろ。手続きとして間違ってる」などと言う。

明確に否定しない

否定すべき質問に明確に否定しない。人間には良心があるので「やっていない」「していない」と明確にウソはつきにくいもの。

たとえば、「どこでお金を貰いましたか?」と聞かれて、「もらっていません」と明確に否定せずに「あの人とは昔からつき合いがあって、家にきたことはあるが記憶にない」などと、なんとなく否定する。

余計な説明が多い

たとえば、「どこでお金をもらいましたか?」の質問に、「お金はもらっていません。あの日は朝から会社に行って残業もあったので帰りも遅かった。家族も出かけていて日中は誰もいなかった。訪ねてきた人がいてもわからない。そもそも、うちにお金を持ってくる理由がない」などと、答え以外に余計な説明が多い場合。

問題を軽く扱う

たとえば「どこでお金をもらいましたか？」の質問に、「こんなことで大騒ぎするなんておかしい」「警察に呼ばれて話すことじゃない」などと、問題を軽く扱おうとする。

神様や信頼できる人を持ち出す

「神様に誓ってもやっていない」「私がどんな人間かは亡くなった先代の社長が一番知っている」など、自分の信用のなさを神様や故人、著名人で補強する。

真実の話で説得する

「私の仕事の実力は誰もが認めています」「あと少しで定年退職なのに、今さら退職金がもらえないようなことをするはずがない」など、内容が真実で反論しようもない発言をする。説得力があるので「言われてみれば確かにそうだよな」と相手の発言を信じてしまいがちなので注意。

「仕草」のウソのサイン

反応しない、反応が遅い

質問に対して反応しない。
あるいは反応が遅い。
答えに迷っているため反応できない。

肩が揺れる

記者会見など、立って話をしているときに出やすい仕草。
肩が左右に揺れるのが特徴。

身振り手振りがなくなる

今まで話していたときには身振り手振りが頻繁に出ていたのに、その質問によって身振り・手振りがなくなる。あるいは手をポケットに入れたり、腹の前や後ろで組んだりする。

顔に手をやる

質問を受けた瞬間に手があごや鼻に移動して触れる。ウソをつくと「言ってはいけないことを言ってるから、口を塞がないといけない」という理性が生じるが、口を塞ぐと話せなくなるので、顎を触ったり、鼻を触ったりしてごまかす動作になりがちである。

整理整頓の仕草

「ネクタイを締め直す」「スカートのしわを伸ばす」「机の上の文房具を揃える」「メガネをかけ直す」などの動きをする。ウソをついていると心が乱れるので、身の回りのものを整えようとする仕草になりがちである。

支点移動の仕草

物体と体、体と体が触れる点（支点）が動き出す。たとえば、椅子に座っている人の場合は「靴」と「床」、「肘かけ」と「肘」など、それぞれが触れている点が質問と同時に動き出す。

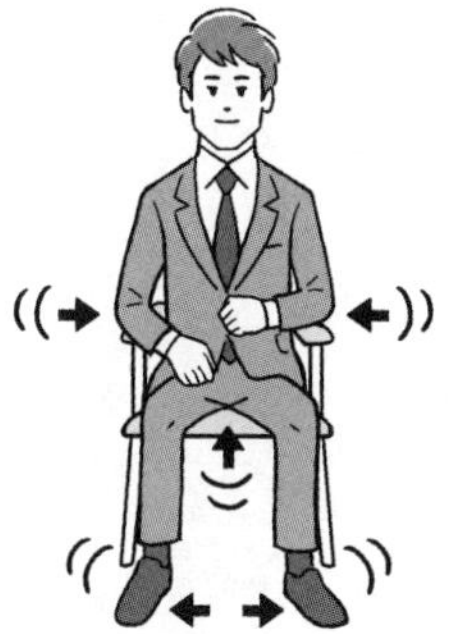

ウソを見抜く効果的な質問方法

想定外の質問をする

たとえば、殺人罪で犯人を取調べします。当然ですが、**犯人は刑事からの質問を事前に想定して備えています。**また、言っていいこと、ダメなことも整理しています。

想定される質問は、

・〇月〇日、あなたはどこで何をしていましたか？（犯行日時）
・〇〇県〇〇市に行ったことはありますか？（犯行場所）
・被害者と最後に会ったのはいつですか？
・被害者と最後に連絡をとったのはいつですか？
・被害者とどんなおつき合いをしていましたか？

・被害者とトラブルになったことはないですか？

などでしょう。これは答えが用意されていますから、うまく答えられてしまいます。

ちなみに交渉術の観点から見ると、このケースの犯人と刑事、どっちが優位に立っていると思いますか？　答えは「犯人」です。

なぜかというと、知りたい情報はすべて犯人が持っているからです。殺害に至った経緯、被害者との関係、殺害方法、殺害後の遺体の遺棄方法など、刑事が知らないことを犯人は全部知っています。どう考えても犯人が優位です。

ただ、ウソの情報を引き出すことは、ムダではありません。ウソの情報は裏づけを取り、ウソと認定していけばいいのです。

刑事の立場からすると、現場で発見された人証、物証が唯一その状況をひっくり返せる材料になります。

この犯人の優位な立場を崩していくには、犯人が想定していない質問を織り交ぜて

いくのが有効です。想定外の質問をすると、犯人の心理的な変化や態度の変化を見ることができます。

想定外の質問のほうが刺激になりますので、ウソのサインも出やすくなるのです。

可能性質問という強力な質問法

ウソを見抜く強力な質問法として「可能性質問」という質問法があります。これは「犯人であれば、あり得る可能性」について突っついて聞くというものです。

たとえば、ある会社の更衣室にある従業員用のロッカーから現金が盗まれたとします。その時間帯に更衣室を使用した社員は5人です。

順番に話を聞いたところ、Bに複数のウソのサインが見られました。そこでBという男性を再度呼び出して聞いてみることにしました。ここで使えるのが可能性質問です。

「あなたがロッカーから現金を盗んだのを、見た人がいる可能性はありますか?」と聞いてみます。

もし彼が犯人であった場合、誰かに目撃された可能性があります。彼は「誰かに見られたのではないか？」と勝手に想像を始めます。

そして仮に見られていた場合、何と答えてこの場を切り抜けようか考え始めます。

つまり、そこにウソのサインが出やすくなります。

犯人でない場合は、目撃された可能性はまったくないので、「そんな可能性はありません。だってやっていないですから」と考える間もなく直ちにそう答えます。

人間はこのようなネガティブな情報を投げられると、心あたりのある人だけがそれに反応して勝手に悪い方向に考える傾向があります。

たとえば、朝出かけるときにいつも見送りもしない奥さん（旦那さん）が玄関先まできて、「今晩、ちょっと大事な話があるから……」と神妙な顔つきで言われたとします。あなたならどう考えますか？

何もやましいことがなければ「何のこっちゃ」で終わります。ところが何かやましいことがある人は、「何の話だろう？　浮気がばれたかな？　いや、へそくりかな？　まさか離婚したいとか？」などと、勝手に悪い方向に考えますよね。

これは奥さんの投げたウイルスに感染したためです。人間は悪い情報を得ると勝手に最悪のことを考えて、その対処方法を事前に考えておこうとするのです。

ですから、「あなたがロッカーから現金を盗んだのを見た人がいる可能性はありますか？」と聞かれると、「目撃者がいたのかな？　もし、いた場合には何て答えようか」と考え始めます。

「その時間に更衣室は使ってない」と答えるつもりだったのが、急遽作戦を変更して「あ、使ったことは使ったけど」と答える可能性があります。

つまり、たった一つの質問でそこまで引き出すことができるのです。

可能性質問のどこがいいのか。実はこれって、疑っていないのです。

相手の心に聞いているだけで、疑っていませんよね。「……の可能性はありますか？」と尋ねているだけですから。つまり可能性がある人だけが反応するのです。

また可能性質問をもっと効果的に使う方法があります。**質問の前に効果を高めるための「前ふり」を入れる**のです。

たとえばこんな感じです。

「うちの会社では、こんな泥棒事件は絶対になくしたいと思っています。社員もパートも不安を感じているし、泥棒のいる会社なんて信用問題にかかわります。だから今回は全社員から話を聞き、徹底的に調べました。ぶっちゃけいろいろな情報が集まってきました。ところで、あなたがロッカーから現金を盗むのを見た人がいる可能性はありますか？」。

犯人は「そこまで言うということは、目撃者がいたのかな？」と思い始めます。

つまり「前ふり」を入れることで、信ぴょう性を高める効果があるのです。

私の経験から言うと、犯人と取調官との信頼関係が強くできていて犯人が素直な人間であれば、「そこまで言うということは目撃者がいたんだな……」と勝手に判断をして事実を認める傾向が強いです。

可能性質問は犯人であれば、あり得る可能性について聞くわけですから、必ず反応が表れます。ちなみにこの質問法は強力なウソの見抜き方なので、本当にウソを見抜きたいときだけ使ってください。

世の中には見抜かないほうが幸せというウソもありますからね。

その他の質問法

おかしな質問

あえておかしな質問をして、反応を見る質問法です。

唐突におかしな質問やくだらない質問をすると、「それ何の質問？」「そんなの知らないよ」と横柄な態度をとったり、質問に答えなかったりする人がほとんどです。

しかし、そんな質問にもかかわらず、**普段よりも優しく答えたり、真剣に答えるときは「心に何かやましいことがある」と考えられます。**

たとえば、禁煙を約束していた旦那さんが、タバコの臭いをさせて帰ってきました。

そんなとき、「昨日は居酒屋で飲んでたのよね。あそこってサラダのドレッシングが選べたけど、何があったか知ってる？」とおかしな質問をしてみます。

普段なら「そんなの知らねえよ」と答える人が、「えーと、何だったかなー。ドレッシングでしょ。和風、イタリアン……あと何があったかな……」と必死に答えたときは、何かやましい気持ちがある可能性が高いです。もしかしたら、居酒屋でタバコを吸っていたのかもしれませんね。

多方向質問

一つの答えを知りたい場合に、**いろいろな方向から質問を投げかける質問法**です。たとえば、未成年者と思われる人物に年齢を聞いたところ「18歳です」と答えたとします。その場合に「生年月日は？」「高校の卒業年度は？」「干支は？」などと、**同一事項について多方向から質問します。**そうすることで矛盾点が浮かび上がり、本当のことを言っているかが判断できるのです。

矢継ぎ早に質問すると、頭を働かせることができないので、答えに窮してボロを出すことになります。

様子質問

些細《ささい》なことを聞いて、真実かどうかを判断する質問法です。

たとえば、「中年の男が、その場所に立っていた」という目撃情報があったとします。ウソつきは、「立っていた」ということに関しては装えても、細かな様子までは考えていないことがほとんどです。

そこで、「そのとき、彼はどんな様子でしたか?」と、**詳しい状況まで聞いてみます。**

実際に見ている人は「震えていました」「顔がひきつっていました」などと、細かい様子まで答えることができます。それは見ているからです。

しかし、見ていない人は当然ですが、答えられません。「あー、様子ですか……」と答えに窮してしまうことが多いのです。

逆に、犯人や目撃者でなければ供述できない事細かな状況を自ら語る場合には、その供述は信ぴょう性が高いと言えます。

教えを乞う質問

「知らない人には教えてあげたい」という人間心理を利用した質問法。

あえて知らないふりをして質問すると、相手はいろいろと説明してくれます。その説明で相手の知識やスキルを測ることができます。

たとえば、「パソコンはかなり詳しい」という説明をした人に対し、あえて知らないふりをして教えを乞います。相手は自慢げに教えてくれますが、説明を聞いていると「意外と知らない」という事実も見抜けるのです。

当然ですが、**ウソを見抜くには質問する側の知識が豊富であることが前提になります。**

保証確認質問

自分を保証してくれる人がいるかどうかを質問して、真実を問う質問法。

「あなたがやっていないというのを、誰か保証してくれますか?」と質問します。**「自分で自分を保証しますよ」と明言した場合は、ウソをついていない可能性が高いでしょう。**

ウソをついている人間は、自分で自分を保証できないので「自分で保証する」とは言いにくいものです。

一方、「友だちの〇〇が保証してくれます。一緒にいたので」と自分以外の人のみを不安げに話すときは、ウソをついているかもしれません。

逆方向質問

ウソつきは真実を曲げて架空のストーリーを作り出します。**自分の頭の中で作ったものなので、体験や記憶がありません。従って、そのストーリーを逆から質問すると辻褄が合わなくなります。**

ある会社事務所に、強盗が押し入った事件がありました。深夜、従業員が一人でいるときに押し入り、売上金を強奪されたというのです。

その従業員に状況を聞いてみると、なぜかそわそわして落ち着きません。話にも不自然な点が多く、強盗を装った虚偽の通報である可能性が感じられました。

そこで、襲われた状況を逆から、つまり犯人が逃走した時点から侵入してきた時点へ遡《さかのぼ》りながら、話を聞いたのです。

すると先ほど話した内容に矛盾が出てきました。順番が入れ替わったり、まったく違う話になってきたのです。

その点を指摘すると従業員は顔色がみるみる変わり、結局ウソの通報であることを認めました。借金があり、金に困っていたので架空の強盗事件をでっち上げて売上を奪ったのです。

このように逆方向から細かく質問をすると矛盾点が浮かびあがり、ウソを見抜くことができます。

証拠のあと出しジャンケン

共犯者がいる詐欺事件を捜査中、主犯格から携帯電話を押収して解析したところ、共犯者にメールで指示している証拠を見つけ出しました。

主犯格は共犯者との関与を全面否認しており、このメールが共犯者との共謀を証明する重要な証拠になりました。おそらく主犯格は、このメールを消し忘れたものと思われます。

こんなケースで、証拠をどう使ってウソを見抜きますか?

一般的には、「そのメールを主犯格に示して口を割らせる」という方法が想像つくでしょう。

しかし、私はこの事件で部下にこう指示しました。「先に弁解を潰しておけ」と。

主犯格に証拠となるメールを見せれば、おそらく「携帯電話を落とした」「携帯電話を人に貸した」などという弁解をするでしょう。ですから、「そう言われる前に潰しておけ」と指示をしたのです。つまり取調べの中で「携帯電話はいつも肌身離さず持って使用していた。人に貸したことも落としたことも一度もない」ということを言わせて、供述調書を作成させたのです。

もちろんこの時点では、証拠のメールについてはまったく触れずに、関係のない話をしながらこの事実だけを調書化しました。

その上で証拠を提示して取調べたのです。こうなると主犯格は逃げ場がありません。今さら「あれは記憶違いだった」とは言えないので、共犯関係を認めました。

この手法を「証拠のあと出しジャンケン」といいます。

証拠を見つけたら先に出すのではなく、その証拠から予想できる弁解をすべて言わせてから、最後の最後に証拠を出す方法です。

これはあらゆるケースで使えます。

たとえば、会社内で社員の不正が発覚したとします。証拠を見つけたからといってすぐに示したら間違いなく言い訳をされます。ですから、言い訳は全部言わせておいて最後の最後で証拠を出すのです。

ウソを見抜く上で気をつけること

ウソのサインは発覚した当初がもっとも出やすい

政治家や芸能人の不正やスキャンダルが、週刊誌などで報じられることがあります。こういう場合、発覚した直後の記者会見や囲み取材などが、もっともウソのサインが出やすいときです。

人間は時間の経過とともに知恵がついてきます。自分にいいように事実を塗り替えていきます。つまりファーストコンタクトが勝負なわけです。**相手が理論武装する前に質問して確認する**のです。

たとえば、信号無視した車による交通事故。発生直後に車から降りてきた運転手は「すみません、テレビに気を取られて信号を見落としてしまって……」と信号無視した事実を謝っていました。

ところが時間の経過とともに「信号が赤だったかどうかは記憶にない」「たぶん青だった」などと供述を変えます。

これは、現場に目撃者がいない、ドライブレコーダーもたまたま作動していなかったことなどがわかり、証拠もないし、赤信号で進行したという事実は立証できないだろうと知恵がついたからです。こうなるとウソを立証するのはかなり困難になります。

ですから発覚した当初の段階で、しっかりと証拠を押さえておくことが重要になるのです。

ウソを見破るには聞くタイミングが重要

ウソのサインは、何の予告もなく、唐突に聞いたほうが反応が出やすいです。

たとえば、旦那さんが朝帰りしたとします。当然ですが、帰ってきたときは奥さんに何を聞かれてもいいように旦那さんも弁解を考えています。ですから、質問したところでうまく答えます。

そこで、その日の晩御飯のときに唐突に聞いてみます。「昨日はどこで飲んでいたの？」「なんで朝帰りだったの？」と。

そんなに時間が経ってから聞かれるとは思っていないので、油断してウソのサインが出やすくなります。

たとえば、社員の不正が発覚して、話を聞きたいときには「ランチでも行く？」と個室のランチに誘い、相手が油断している状況下で突然切り出してみましょう。

「あの件なんだけど心当たりある？」と。

当人が犯人であれば、かなりの動揺が見られるはずですし、そんなときこそウソのサインが表れるのです。

ウソを見抜くには考える時間を与えないことがコツ

ウソを見抜きたいときは、相手が「あの事実について聞かれそうだ」と察知しているようなら、なるべく考える時間を与えないことです。

察知してから質問までの間が長いと、相手に防御策を考えさせてしまうからです。

相手が防御を開始する前に質問を始め、ウソのサインを見抜いてしまいましょう。

たとえば、容疑者の自宅に赴いて警察署に任意同行を求め、そのあと取調べをすることがあります。選挙違反事件や贈収賄事件は、このパターンが多いわけです。

こういう場合、「〇〇についてお話を聞きたいので同行願います」と任意同行を求めるので、「〇〇について聞かれる」ということはわかります。そのため、容疑者は自宅から警察署に到着する数十分、数時間の間に頭を整理してある程度の言い訳を考えるはずです。

ですから、あえて言い訳を考えるための詳細なヒントは与えません。車内では事件とまったく関係のない雑談をして、相手に考える時間を与えないのもテクニックの一つです。

ウソつきに情を感じてはならない

ウソつきから話を聞いていると、その人の人間性にも触れていくので、情が湧いてしまうことがあります。

特に取調べは20日以上行うことが多く、取調室というかぎられた空間で長い時間、顔を合わせていると犯人がかわいくなってくるのです。そうすると、追及の手が緩むことになります。

ウソを言われても、「ウソは言ってないよな？」と信じてしまうことにもなりかねません。

ですから、真実がすべて明らかになるまで、相手に情を感じることは避けなければなりません。**自分の感情を殺して厳しい目で見ていかないと、結果として騙されてしまう**からです。

ある事件の共犯者数名を複数の取調官がそれぞれ担当して、取調べをしていました。取調官同士は定期的に打ち合わせをして、被疑者の全体的な供述に矛盾がないかを検討する機会を設けていました。

そこで各取調官が被疑者の供述を報告し、比較していくと相互に合わない部分が出てきたのです。

取調官は自分の被疑者は本当のことを言っていると信じているし、信じたいので、他の共犯被疑者の供述は違うと言い張ります。ちょっとした小競り合いになりました。

このようなケースでは、証拠から判断して事件の方向づけをしていきます。

最終的には落ち着いたのですが、このように被疑者に情を感じてしまうと、冷静な判断ができなくなります。終結するまでは気持ちを許さないことが大事です。

質問は簡単に、明確に、短文ですること

質問が曖昧だったり、わかりにくかったりすると、相手に理解されず、ウソのサインが出にくくなります。

反応を見るには、相手が質問の趣旨を理解していることが前提です。従って明確に、そしてわかりやすくするために、質問は短文ですることが重要です。

政治家などの疑惑が報じられたあとに、緊急記者会見を開くことがありますよね。各社の記者が手を挙げて一斉に質問するので、時間も数もかぎられます。そんなときに長々と前置きをして、1回でいくつもの質問を言う人がいます。

あれは最悪の質問の仕方です。つまり聞かれたほうも相手の質問が長い分、考える時間が与えられます。そのため辻褄の合う回答を考える余裕が生まれます。

ウソつきはウソのストーリーを組み立てていますから、真実を語るときよりも考える時間が必要になります。ですから、考える時間は与えないことが重要です。

また複数の質問がくると、どの質問に反応したのかわからなくなります。

興奮して感情を出しての追及は避ける

ウソをついているのがわかったり、話に矛盾を感じたりすると、感情が表に出て怒鳴ってしまう方もいます。しかし、そこはぐっとこらえて淡々と質問することが大事です。

ウソを見抜くためには、相手に真実を話してもらう必要があります。相手が心を閉じてしまうと、それは不可能になります。

相手の態度や言動に感情的になるのは逆効果です。**冷静さを失わず、徐々に心を開かせた上で話をさせることが必要**です。

ウソが固まらないようにする

ウソつきはこの場をどう逃れようかと常に考えているため、ウソを重ねていくことになります。そして、**ウソを上塗りすればするほど、ウソをつくことに慣れてきて、**「ウソが固まる」という現象を引き起こします。

「自分で考えたウソのストーリーを何度も話すことによってウソにウソが上塗りされ、どんどん真実のようになっていくのです。

こうなると、ウソを見破ることはかなり困難になります。

ですから、なるべくウソをつかせないようにすることが重要です。

「あなたはしていないのですね?」

「はい」

「あなたは知らないのですね?」

「はい」

「あなたは関係ないのですね？」
「はい」

このように否定形の質問を繰り返していくと、ウソが固まりやすいので避けましょう。

ウソのサインについて追及しない

会話中にウソのサインが見られたからといって、それをネタに追及すると相手は注意するようになり、ウソのサインを出すことをやめてしまうことがあります。ウソのサインを感じて指摘したり、それをネタに追及するのはやめてください。

真実の返答ひとつで安心しない

相手が真実を話したとしても、それで安心してはいけません。ウソつきは一番罪の軽いものから話すことが多いからです。

贈収賄事件でこんなケースがありました。

公務員がある業者に便宜を図った見返りに、賄賂として現金をもらった疑いがありました。数日間にわたり、受け取った事実を追及していたところ、その公務員がやっと事実を認め、「すみません、20万円をもらいました」と供述しました。

私としては苦労して認めてくれたのでほっとします。そこで「やっぱりそうだろう。いつどこでもらったんだ？　何の見返りにもらったんだ？」と事細かに聞きたくなります。それが取調官の心情です。

しかし、それはぐっとこらえて「他にもあるよね。それだけじゃないのはわかってる。他にもらったのはいつ、いくらですか？」と追及の手を緩めませんでした。そうすると相手は「え……他にですか……」と考え始めたのです。私はその沈黙の中にウソのサインを見つけました。

結果的にこの公務員は複数回にわたり、合計数百万円の賄賂を認めるに至りました。

犯罪者はもちろんのこと、**基本的にウソをついている人間は一番罪の軽いものから話します。**すべてをきれいに話すことはありません。

誰しも自分がかわいいですし、少しでも罪を軽くしたいのです。悪い人間ではないと世間に見てもらいたいと思うのは当たり前です。

3点疑念のウソ推定法

ウソは相手が「実はウソをついていました」と自供して、初めてわかります。つまり相手が自供しないかぎり、ウソだということはわからないのです。

しかし、どこかの段階で「ウソをついている」と確定しないと、追及が緩んだり、事実関係の調査が先に進まない場合があります。

疑いを解明したい立場からすると、何かの基準に達したら「こいつはウソをついている」と明確にできると楽になります。

そこで私は一定の条件を満たしたら、自供がなくても「ウソを推定する方法」を用いていました。これを**「3点疑念のウソ推定法」**と言います。

会話をしていて、相手がウソをついているのではないかと思う場合があります。当然ですが、その疑念を解明するために質問をします。

そのとき、**質問の返事が「一般常識に照らして不自然な答え」であり、「誰が聞いても納得できない」と認められる場合には、疑ってください。そして、内容の違う疑念が3つ以上になったときには、「ウソである」と推定します。**

これは故意に真実を捻じ曲げたときに起こるのです。真実をウソで無理やり捻じ曲げようとするのでどこかに負担がかかり、不自然さが生まれます。その結果、誰が聞いても納得できない話になってしまうというわけです。

一つの事例をお話しします。かれこれ9年前に遡りますが、典型的な事例なのでご紹介します。それは2014年9月25日に起きた競泳の冨田尚弥選手による韓国でのカメラ窃盗事件です。

この事件はアジア競技大会の仁川文鶴競技場で、韓国人記者のカメラ（約800万ウォン相当、日本円で70万円程度）を、記者が離席中にレンズを取り外し、本体のみを盗んだとされた事件でした。

冨田選手は、翌26日、50メートル平泳ぎに出場し予選敗退後、仁川南部警察署から事情聴取を受け、犯行を認めました。

犯行の動機については、「見た瞬間、欲しくなった」と供述していました。被害品については選手村の冨田選手の部屋の鞄から見つかりました。これにより、日本選手団から追放され、出国停止処分を受けたのです。

ところが彼は、帰国後の11月6日、名古屋市内で会見を開き「カメラを盗んだ事実はない」と訴えました。冨田選手は韓国警察の取調べについても、最初から犯人扱いで通訳に「認めないなら、韓国に残されるかもしれない」と言われ、きちんと話す機会を与えられなかったと主張しました。

彼の言い分は、

・プールサイドに座っていたところ、緑色のズボンをはいた東アジア系の男から手を掴まれ、持っていたポーチに黒い塊のようなものを入れられた。危害を加えられると困ると思い、驚いてその場を離れた

・バスでの移動中でもポーチの中は確認することはなく、この出来事を誰にも言わず、宿舎に持って帰った

・中にはカメラの本体部分が入っていたがゴミだと思って捨てる場所もなかったので

捨てなかった

などと説明しました。

彼の説明が真実だと仮定した場合、いくつもの疑念が生じます。

一般常識で考えると、

・他人から自分のポーチに何かを入れられたら、何を入れたのだろうか？　と中を確認する

・プールで不審者に手を摑まれれば他の選手にも危害を及ぼす可能性もあり、警備員に通報する

・怖い思いをしたのでバスの中で選手仲間に出来事を話す

・宿舎に持って帰ったあと、盗んだという言いがかりをつけられないように本部や上司に報告する

などの行動が考えられます。

つまり彼は「一般常識として不自然な答え」をして「誰が聞いても納得できない」という条件を満たしています。そして3点以上の疑念が解消されていません。ですからこのケースではウソと推定して構わないのです。

私の個人的見解ではありますが、彼は本当の事実を無理に変更しているのでこんな結果になったのだろうと思います。

ちなみにこの事件は韓国で正式裁判になり、裁判所は「被告の説明には信ぴょう性がなく、信用できない」として有罪判決を出し、判決は確定しています。


私が犯罪者の取調べをしていたときも相手の言い分が不自然であり、誰が聞いても納得できないケースが多くありました。

そんなときは、「3点疑念のウソ推定法」で「ウソであると推定」し、追及を強めたり、証拠との照合を重ねてウソの事実を固める作業をしていました。

これは取調べする側が「疑心暗鬼にならないための推定法」と言えるかもしれません。

刑事の雑談

「張り込みではアンパンを食べ、牛乳を飲むのか？」

昔の刑事ドラマでは、張り込み中の刑事がアンパンを食べながら牛乳を飲むシーンがあります。実際の刑事の世界ではどうだと思いますか？

「もしかして糖分をとってイライラを解消するため？」
「栄養を考えて？」
「腹持ちがいいから？」

などの理由で食べているのかなとお思いかもしれません。

実は……張り込みでのアンパン、牛乳は刑事ドラマの世界の話で実際はありません。だいたいコンビニにあれだけおいしいものが売っているのに、アンパンと牛乳を好んで飲食する必要がないですよね。

張り込み中に食事をすることは確かにあります。

それは現場から動けないので仕方なくその場で食べる場合です。

最近は街中にコンビニもたくさんありますし、食べものを調達する意味では刑事も楽になりました。

ちなみに刑事は食通が多いです。

なぜかというと、食べるのが唯一の楽しみだからです。

特に本部の捜査員は県内外広範囲に捜査で出向きますので、「○○市に行くならあそこのラーメン屋」「○○海岸に行くならあそこの定食屋」などと行きつけにしている飲食店がたくさんあります。店に行ってみると、見たことのある刑事で満席になっているケースもあるんですね。

そんな店内で「お、久しぶり。今どこに（応援派遣で）行ってるの？」と刑事同士が会話している光景はなかなかおもしろいと思いませんか。

あなたが普段行っている馴染みのお店も、実はお客様が全部刑事だったかもしれませんね。

第4章

SNS、ネット上のウソを見抜く

ネット上でのウソの見抜き方

今の世の中は情報化社会です。一説によると現代の一日の情報量は「江戸時代の1年分、平安時代の一生分」とも言われています。

携帯電話などの通信機器が発達した結果、手元にある端末で瞬時に情報が入手できるわけですから、伝書鳩を飛ばしていた時代などと比べるととんでもない情報の中で我々は生活していると言えるでしょう。

中でもやはりインターネットの影響は大きいと言えます。インターネットの発展に伴って、SNSやメッセンジャーアプリなど、コミュニケーションツールが多様化し、不確かな情報やデマ、意図的に作られた偽情報などを誰でも自由に発信できるようになりました。

こうなると「ネットの中はウソばかり」と言っても過言ではないかもしれませんが、ネットでのウソを見抜く眼を養うことは現代人にとって必須のスキルだと言えます。

従って、この章では、

・**ネットの中ではどんなウソがまん延しているのか**

・**どんな事例、手口があるのか**

・**どうしたら騙されずにウソを見抜けるのか**

を書いていきたいと思います。

「フェイクニュース」のウソの見抜き方

フェイクニュースとは、広告収入や著名人・政治運動・企業などの信用失墜を目的にネット上で広く共有されるように作成された、**事実と異なる虚偽またはでたらめな内容のニュース記事のこと**を言います。

日本国内で「フェイクニュース」が大きな話題となったのは、2016年4月14日に発生した「平成28年熊本地震」の際、動物園からライオンが逃げたというSNSでのデマ投稿でした。

地震の直後、街中にライオンが出現したという内容が偽画像とともに投稿され、あっという間に拡散されました。そしてこの投稿を知った地元の人々は困惑し、動物園には苦情電話が殺到し、大混乱をもたらしたのです。

その後、神奈川県の会社員が偽計業務妨害罪で逮捕されましたが「悪ふざけでやった」と供述したそうです。

実際、地震で園の猛獣を展示していたオリが壊れ、隙間ができたため、4月下旬にはライオンやトラが他県の動物園に移送されました。

そんな状況にもかかわらず、このデマの影響で、電話対応に人員を割かなければならず、園にとっては大きな業務妨害になったのは言うまでもありません。

また、騒ぎを起こすための情報だけではなく、本当の善意や心配から発信されるケースもあります。

2020年2月、新型コロナウイルスによる外出制限が検討されたタイミングでは、「コロナの影響で輸入が止まり、トイレットペーパーがなくなる」というデマ情報が出現しました。メディアはそのデマを検証し、否定する報道をしましたが、これによってさらに多くの人が知ることになり、事態が沈静化するまで2カ月程度を要したのは記憶に新しいところです。

ご紹介したように「フェイクニュース」とは、報道機関などのメディアからのニュースだけにかぎらず、ＳＮＳなど個人が投稿した「間違った情報すべて」を指します。

情報化社会においては、真偽不明の情報が大量に流れることになれば、世の中全体の情報の信頼性という基盤が失われてしまいます。

また、あらゆる信頼性に疑念が生じれば、真偽を確かめるために大きな負担が発生するのです。それは私たち自身に跳ね返ってくる大きな問題でしょう。

もう騙されない！ フェイクニュースの見抜き方

１・情報の出どころを確認すること

フェイクニュースは目を惹く見出しによって興味を集めます。従って、まずは**記事の見出しだけで判断せず、内容までしっかり読むことが重要**です。

基本的なことですが、先入観や決まり切ったイメージを持って記事を読んでしまうと、内容が誤っていた場合に気づくことができません。

その上で記事の著者、掲載されているメディア、掲載時期などもチェックします。

外部リンクなどの情報源が使用されている場合は、**参照元の情報が正確であるか**を確認することも大切になります。

2・画像検索で確認する

熊本地震で放たれたライオンの画像をデマと見抜くには、**画像検索で出典元を確かめる**方法がありました。Google画像検索に画像をドロップすると、元の掲載元が表示されます。もし、元のサイトがニュースと関係のないサイトだった場合は、勝手に画像を転載している可能性が高くなります。また、有名なフェイク画像の場合、それを検証したブログなどが出てくることもあります。

視覚情報である画像は騙されやすいので、チェックする方法を知っておくと便利です。

3・他のメディアの記事を読む

ネット情報であれば、テレビや新聞、雑誌など、他のメディアではどのように伝えられているのかを確認します。

同じネット情報であっても、**一つの記事だけで判断せず、他のサイトや他の記事で**

報じられている内容をチェックすることが大切です。

また、ソーシャルメディア上で広がっている情報については、その投稿者のプロフィールや似た内容で投稿を繰り返していないかなど、一歩引いて考えてみることで偽情報に惑わされてしまうリスクを下げることができます。

他にもSNSには、自分の興味のある情報や自分の見たい情報だけをフォローしてしまうという特性がありますので、**自分の意見とは違う人や普段あまりチェックしないような人の発信に目を向けておくようにすることも効果的**です。

4・時間をおいて行動する

目立つニュースを見ると「人に言いたい、伝えたい」というのは人間のサガです。しかし、いきなり動くのではなく、**時間をおいて冷静に行動する**ようにしてください。

時間が経つと自ら矛盾点に気づくこともありますし、世間の調査により徐々に真実が明らかになってくることもあるからです。

フェイクニュースやデマは自分たちが騙されるだけでなく、世の中の誰かを混乱させてしまう可能性もあるので、注意が必要です。

「インターネット詐欺」のウソを見抜く

インターネット詐欺とは、**インターネットを通じて行われる詐欺行為の総称**を言います。

インターネットが持つ匿名性や手軽さを悪用した形で行われており、巧妙な手段で個人情報を取得して、個人が持つアカウントに不正アクセスしたり、架空請求によって金銭を振り込ませようとするなどの手口が挙げられます。

現在は、スマートフォンの普及も進んでいるため、パソコンだけでなくスマートフォンを利用しても詐欺が行われているので注意が必要です。

次からは近年多くなっている詐欺について説明します。

国際ロマンス詐欺

○定義

国際ロマンス詐欺とは、出会い系サイトやマッチングアプリ、ＳＮＳなどインターネット上の交流サービスを通じて外国人をかたる人物と知り合い、**恋愛関係にあると錯覚させられ**、一度も会わないまま多額の金銭を騙し取られるという詐欺のことです。「一度も会わないまま」というのは恋愛感情を巧みに使っているからこそ、なせる業かもしれません。

詐欺師は外国人であるケースもあれば日本人であるケースもありますが、外国人として振る舞うことから「国際ロマンス詐欺」と呼ばれています。

私は、２０２２年、マッチングアプリ大手運営会社の「詐欺防止に関わる有識者会議委員」に選ばれ、詐欺防止について検討した経験もありますが、**マッチングアプリからの出会いで詐欺被害に遭うことも多くなっている**ので利用者は特に注意が必要です。

○事例と手口

・詐欺師が戦場や出張先から、大金の入ったアタッシュケースや高価なプレゼントなど架空の贈り物を被害者に「送る」「送った」と言ってくる手口です。

さまざまな事情から税関などで荷物が止まり、税関スタッフや配送会社を装った詐欺の共犯者からの連絡によって手数料や罰金、保険料などを請求されます。

・仕事の「休暇、退役、任務短縮」を利用する手口です。戦場で仕事をする軍人、医師、ジャーナリストを名乗る詐欺師がよく使いますが、休暇、退役、任務短縮の手続きをするための費用、交通費、埋め合わせ要因の給料などを請求されます。

・自らの子どもに関する費用の請求をする手口です。詐欺師はシングルファザー（もしくはシングルマザー）を装い、故郷などに残した子どもの学費、医療費、生活費、誕生日プレゼントとして、現金やパソコン、スマートフォンを要求します。

子ども役の詐欺師が登場し、被害者とメールや電話でやり取りをして被害者を信用させるなど巧妙に仕組まれています。

いずれのケースも支払ったお金は戻らず、騙されたことに気づくというパターンです。

防止策

・相手の写真やアドレスをネットで検索する

一般的に詐欺師は、外国人の美男・美女の顔写真をプロフィールに掲載しています。しかし、その写真は偽物であり、**ネットで拾った他人の写真**です。ターゲットに恋愛感情を抱かせるために、美男・美女の顔写真を無断で転載しているのです。ネットの画像検索で調べれば、まったく別人の顔写真であることが判明することもあります。

また、相手のアドレスなどの情報をネットで検索すれば、「詐欺師」であることが判明することもありますし、既に騙された人が注意を呼びかけて投稿している場合もあります。

まずは、可能な限り相手の情報をネット検索して正体を探ることが重要です。

・会ったことがない相手に送金をしない

ネットで他人と交流する場合には、**「会ったことがない相手に送金はしない」**と決めておいたほうが良いです。

冷静に考えれば、まだ会ってもいない相手から多額のお金を要求されることが、いかに怪しいことであるかがわかるはずです。

これはどんな詐欺でも言えることですが、**会う前でも後でも相手から「お金の話」が出てきたら「詐欺」を疑わないといけません。**

・送金する前に第三者に相談する

恋愛感情になってしまうとまさに「恋は盲目」です。心を奪われているため正常な判断が難しくなってきます。

そこで、**多額のお金を送金する前に家族や友人などに相談してみましょう。**

相談者は「信頼できる人」がベストです。恋愛感情になってしまった以上、信頼できる人でないと素直に意見を受け入れられないからです。

そして「それはおかしい」「詐欺かもしれない」といった冷静なアドバイスを受け

たら、いったん送金はやめます。時間をおいて冷静に考えれば、詐欺ということに気づくことができると思います。

もう騙されない! フィッシング詐欺

○定義

フィッシング詐欺とは、金融機関や大手企業からの正規のメールやサイトを装い、暗証番号やパスワードなどの個人情報を盗み取る詐欺のことです。

最近ではスマートフォンにSMSやメールでこの手の詐欺メールが届くことが多く、内容としては偽の当せんメッセージやアンケート依頼などが主なものとなっています。

○事例と手口

アマゾンや楽天といったショッピングサイト、JCBや三井住友カードなどのクレジットカード、NTTドコモなどの通信系、アップルなどのアプリストア、ヤマト運輸などの配送業者などをかたり、偽のウェブサイトに誘導します。

そしてアカウント情報やクレジットカード番号などの個人情報を入力させます。

防止策

フィッシング対策は、**「メールやSMSに書いてあるURLをクリックしないこと」**に尽きます。

フィッシングメールの文面を信じたとしても、**アクセスする際はブラウザを開いて自分で検索し、自分でログインしてください。**これだけで、フィッシング詐欺サイトに誘導されずに済みます。

基本的にネットの金融機関から、直接パスワードや顧客ＩＤを要求するメールが届いたらフィッシング詐欺を疑って間違いありません。

昔はネットの翻訳サービスを使った適当な文面が多く、一目見て詐欺メールだと判断できました。しかし、現在出回っているフィッシング詐欺メールの文面は巧妙で、ウェブサイトも本物と見分けがつかないこともあります。

ＵＲＬの偽装技術も上がっており、騙されてしまう可能性は高まっているので、注意が必要です。

もう騙されない！ サポート詐欺

○定義

Ｗｅｂを閲覧していると**突然パソコンがマルウェアに感染していると警告し、サポートに電話するように誘導する詐欺**です。

最近はパソコンだけでなく、スマートフォンでも増えています。

単にウェブページで表示するだけでなく、システムからの通知のように表示したり、ウェブページを閉じられなくするといった凝った作りになっていることもあります。

また、ブラウザの機能を使って警告音のような音を出し、ユーザーを焦らせようとすることもあります。

音量を落とせばいいだけなのですが、焦ると判断力が低下し、相手の言いなりになってしまいます。

指定された番号に電話をかけると、ウイルスを除去するとか、システムを修復すると言って金銭を要求してきます。

支払い方法は主にコンビニで売っている電子マネーです。片言の日本語を話す外国人が対応するのですが、マイクロソフトなどをかたっているので「外国にあるサポートセンターです」と言われると信じてしまうと思います。

○事例と手口

実は最近、私がまさにこの事例を体験したので実体験としてご紹介します。

私はある日の夜、パソコンでネットサーフィンをしていました。興味のあるサイト（いかがわしいサイトではなく、普通のサイトです！）を開こうとクリックしたところ、突然、画面が警告画面に変わり、「トロイの木馬に感染した恐れがある。強制終了するとデータが拡散される。ついてはマイクロソフトのこちらの番号050-○○○○-○○○○に至急電話をするように！」などと書かれた画面になり、大きな警告音が鳴り始めたのです。

「お、なんだ⁉」と思いつつもよくあるケースなので「とりあえず強制終了してみよう」とパソコンを強制終了してみました。しかしその後、立ち上げても画面も警報音も消えません。何度か繰り返したのですが消えなかったのです。

そこで私は「もしかして本当に感染したのか⁉　データが飛んだらマズいな……」

と内心焦ってきました。

とにかく警告音を消したい気持ちもあって、画面上の050から始まる電話番号に携帯電話でかけてみました。すると、「はい、なにがありましたか？　音がウルサイですね」と片言の日本語で話す外国人が出たのです。

この瞬間、「あ、こりゃ詐欺だ」と我に返り、「これどうしたら消えますか？」と聞いてみました。すると「それ、消すのにオカネかかりますよ。早く消したほうがイイネ」などと雑な説明。

「あ、そうですか、どーも」と電話を切りました。その後、何度か携帯電話に着信がありましたが、無視しておきました。

結局、携帯電話でネット検索したところ、まさに詐欺だという画面表示の案内があり、画面と警告音の消し方も出ていたので、手順どおりに行って復旧しました。

やはり突然の大音量の警告音とあの画面には驚きますし、消し方がわからないと、かなり動揺します。パソコンの扱いに慣れていない高齢者だと騙されてしまうかもしれないな、と妙に実感した出来事でした。

防止策

サポート詐欺は、手口を知ることが重要になります。対策はシンプルで、**「ウェブページを閉じる」**ことです。遭遇しても焦らず、内容は無視して構いません。ブラウザごと終了させてしまえばいいのですが、全画面表示にしたりして閉じられないようにするケースもあります。

その場合は「Ctrl」+「Shift」+「Esc」キーを押し、「タスクマネージャー」を起動してください。

起動しているアプリが表示されるので、ブラウザを選択し、「タスクの終了」をクリックすれば強制終了できます。まさにこの方法で私は難を逃れました。

もう騙されない！ 偽サイト、詐欺サイト

○定義

偽サイトとは、**実在する企業の名前をかたり、その企業のサイトに似せた偽のサイ**

トを作成・公開して詐欺を行うサイトを指します。

一方、詐欺サイトとは**個人情報を盗む、金銭を騙し取るなどの詐欺を行う目的で作られた悪質なサイト**のことです。

○事例と手口

・ショッピングサイトで商品を注文し、お金を振り込んだが商品が送られてこない。
・注文したものと異なる模倣品や粗悪品が送られてきた。
・ショッピングサイトに記載の連絡先に電話やメールをするも連絡がとれない。

防止策

偽サイトの特徴を知ることに尽きます。

(1) 販売金額が安すぎる

半額とか7割引などと、極端に安売りしていることもあります。また、新商品も含めて、すべての商品が激安価格ですが、その理由も不明確です。

安く購入できるサイトが見つかれば、売り切れる前に買いたいと思う心理は当たり前ですが、購入する前に「本当にこの金額が妥当なのか?」「詐欺サイトとして紹介されていないか?」をチェックすることが大事です。

（2）不自然な支払い方法である

偽サイトは、クレジットカード払いには対応せず、銀行振込のみとなっていることが多いです。そして、振込口座は個人名義になっています。

また、振込口座もサイトには書かれておらず、注文したあと電子メールで口座番号をお伝えしますなどと記載されています。こうした手口では、闇市場で売買された個人口座が悪用されているからです。

（3）運営会社が不自然である

最近の偽サイトには、「特定商取引法に基づく表記」として、サイトの運営会社が書かれています。

これは偽物とわからないようにするためだと思いますが、逆に、これが見破るポイントになります。

そこに書かれている住所をネット検索します。すると、ほとんどの場合、何らかの情報が見つかりますが、会社名と住所が食い違っているなど、不自然な情報であることがわかります。

こうした情報も、別のサイトから勝手に持ってきたウソだからです。それでも自信がなければ、偽サイトのアドレスを検索するといいでしょう。「このアドレスは偽サイトです」というSNSの書き込みが見つかることがあります。

なお、JC3（一般財団法人日本サイバー犯罪対策センター）では、収集した偽ショッピングサイト情報を、インターネット利用者がウェブサイトの信ぴょう性を確認できるサービス「SAGICHECK」（https://sagicheck.jp/）として提供しています。

この「SAGICHECK」を利用することで、ウェブサイトの危険性の有無について確認することができます。詳しくは、JC3のウェブサイト（https://www.jc3.or.jp/news/2023/20230301-488.html）をご覧ください。

もう騙されない！

ワンクリック詐欺

○定義

ワンクリック詐欺とは、Ｗｅｂサイトや電子メールに記載されたＵＲＬを一度クリックしただけで、一方的に、サービスへの入会などの契約成立を宣言され、多額の料金の支払いを求められるという詐欺です。

○事例と手口

アダルトサイト・出会い系サイト・ゲーム攻略サイト・動画サイトなどにアクセスすると、いきなり登録完了となり、使用料を払うよう料金請求の画面が表示されるという手口になっています。最近ではＳＮＳやメールに記載されたＵＲＬが入り口となることも多いようです。

多くのＷｅｂサイトでは利用者が間違って契約してしまったように思わせる仕組みや、わざとわかりにくいところに利用規約などを表示して、利用者が気づきにくいような細工をしています。

料金請求の際、携帯電話の個体識別番号や、パソコンの固有識別番号、利用しているインターネットサービスプロバイダの情報などを表示させ、利用者の個人情報が**〝複雑な技術によって〟特定されたように見せかける**こともあります。

そして期限内に支払わない場合、延滞料が加算される、法的措置を講ずるといった脅迫的な内容で、利用者に支払いを迫るのです。

防止策

請求内容に、個人情報を特定したなどと書かれることもありますが、サイトにアクセスしただけでは個人情報を割り出されることはありません。もちろん、料金を支払う必要もありません。そのため画面に表示が出ていたとしても無視をすることで回避できます。

焦ってサイトに記載されている連絡先に電話をかけてしまうと、かえってこちらの情報が流出する恐れがあるため、**不安な場合は消費者センターなどに相談してみる**のがおすすめです。

もう騙されない！

インターネットオークション詐欺

○定義

「インターネットオークション詐欺」とは、ウェブサイトのオークションで落札後に、落札者と出品者の間で起きる詐欺のことです。オークションだけでなく、通信販売や、メルカリなどのアプリで起きる手口も含まれています。

オークション詐欺はさまざまな場所で、どんな商品にでも起きる可能性がありますが、その手口は大きく分けて2つのタイプに分かれます。

1・購入した商品が発送されない

商品代金を支払った後に、商品が発送されないというパターン

2・購入した商品とは違うものが届く

「本物のブランド品だと紹介していたが、届いたら偽物だった」など、掲載されていた情報とはまったく違う商品が届いたというパターン

○事例

・インターネットオークションを利用し、商品を落札した後、代金を相手の指定口座に振り込んだが、品物が届かず、連絡も取れなくなった。
・オークションで落札できなかったが、後日出品者と名乗る者から「最高額落札者が辞退したので直接取引できないか」と連絡があり、取引に応じたところ、詐欺であった。
・オークションに品物を出品し、落札者に送付したが、代金が入金されない。
・インターネット上の個人売買掲示板でコンサートチケット売買の約束をした。代金を指定口座に振り込んだがチケットが届かず、相手方と連絡が取れなくなった。

防止策

・取引相手の過去の取引記録や、他のユーザーの評価を見る

入札をする前には**必ず出品者の取引履歴や評価をチェック**してください。

もし評価にマイナスがないようであればスムーズな取引ができる可能性は高いとい

えます。**マイナス評価があっても、大切なのはその中身**です。「偽物だった」などというコメントがあったら、取引は考えたほうがいいと思います。

ただ、マイナス評価でも、誠意を持って対応していることがわかるケースもありますし、評価の中身や時期を総合して考えるといいと思います。

それから取引相手の名前や携帯番号、メールアドレスだけではなく、**住所や固定電話番号などで確実に本人確認を行い、確認できない場合は取引をやめる**のも手です。

・商品の写真を自分で撮ったものかどうかを確認する

商品の写真を見たときに、自分で撮ったものだと判断できるなら、少なくとも商品は存在することになります。中には、ホームページなどの画像を使っている人もいますが、そもそも商品がないという可能性もあり、注意が必要です。

・ヤフオク！　のトラブル口座リストを確認する

落札をした後でやり取りに不安を感じた場合は、**振込先の口座から相手の信頼度をチェックすることができます。**ヤフオク！　ではユーザーからトラブルの報告が多数きている口座を**「トラブル口座リスト」**として公開しています。

またヤフオク！　以外のオークションサイトで落札した場合でも、ヤフオク！　のトラブル口座リストは使えます。同じ人が違うサイトでも出品していることがあり、同一人物ならば振込先の金融機関の口座は同じであることが多いからです。

もし、ここに掲載されているならば、すぐに取引をキャンセルしたほうがいいと思います。

・オークションサイトを通さない取引はしない

出品者から直接連絡がきても、応じてはいけません。必ずオークションサイトを通した取引をしてください。

各オークションサイトを通した取引であればいいのですが、中には、取引をしていないにもかかわらず直接連絡がくることがあります。

たとえば、過去に取引をしたことがあって、そのときの連絡ツールを使い、メールを送ってくるというやり方です。

取引後の手数料分が節約できるので直接取引を持ちかけてくるのですが、こんな話には乗ってはいけません。特に個人から送られてきたら要注意です。なぜかというと万が一のときの補償がまったく利かないからです。

基本的にどのオークションサイトでも補償がありますが、条件はサイトで落札をしていることになります。

いくら過去に取引があったとしても、サイトを通さずトラブルになっているモノに関しては適用されず、泣き寝入りすることになるので注意してください。

刑事の雑談

「痴漢に間違えられたらどうするか？」

私の講演でよく質問されるのが、このテーマです。

日頃、通勤で電車を利用する男性陣にとってはもっとも知りたいことなのでしょう。

極論から言うと「電車に乗らないこと」が一番の解決策ではあります。

しかし、それでは答えになりませんよね。これはあくまで「やっていない」というのが前提での話ですが、「足に自信があるのなら逃げきれ」というのが答えの一つかもしれません。

ただ、逃げようとしたら、まず捕まるでしょう。周囲に男性客も多いでしょうし、シャツやズボンを掴まれたら逃走はまず不可能です。

その上、逃げたら途中で捕まったときに言い訳もできません。「やっていないのになぜ逃げた？」と言われるのが落ちですし、心証も悪い。

さらに、逃げるために誰かに暴行を加えたりしたら、暴行や傷害で別件逮捕される可能性もあります。このように逃げるというのは、かなりのリスクになります。

ですから、私の個人的な意見を言うと、逃げるのではなく「身分を明らかにして徹底的に否認し、その場から立ち去る」のがベストだと思います。

まず名刺や免許証を出して、逃げる意思がないことを明らかにします。そしてやっていないのが事実なら、徹底的に否認します。

そして「いつでも要請があれば警察に出頭します」と申し出て、その場を立ち去るのがいいのです。これはその場を離れてしまえば、現行犯逮捕から逃れることができるからです。

あとは逮捕状を取得して通常逮捕するしか方法がありません。多少ハードルが高くなりますので、そのあとの取調べを受けても逮捕されずに、任意で書類送検される可能性も出てくるわけです。

「駅長室に行くと警察官が来て逮捕される」という都市伝説がありますが、それはまんざらウソではありません。

警察官は、混雑するホームで事情聴取するのを避けるために、駅長室に同行を求めます。そして被害女性に確認の上、現行犯逮捕することになるのです。

警察としては、被害者の被害申告がすべてです。

被害女性が「この人です」と証言している以上、「やっていない」と申し出ても、被害者の意見を無視するわけにはいきません。ですから、逮捕するしか方法はないだろうというわけです。

ただ、現場の微妙な判断は、現場の警察官がします。女性の供述が曖昧だったりすると逮捕されない可能性もあるので、ケースバイケースと言えるでしょう。

第5章

商談で相手の心理を見抜く

まずは相手と信頼関係を築く

もし、商談時に相手の心理がわかったらどうでしょうか。交渉が有利に進むのは間違いありません。

つまり、営業マンは相手が商品を欲しいと思っているのか、必要ないと思っているのか、そのサービスに興味があるのか、ないのか、その心理が読めなくて苦労しているのです。

相手の心理を見抜いたり、心理を知るためにまず必要なのは、相手との信頼関係です。刑事の取調べでも、相手のウソや心理を見抜くには、信頼関係を必要とします。信頼関係がなければ、心を開いて話してくれないからです。

ちなみに私が警察を退職して起業した当初、元刑事とはいえ、今ほどの信頼はありませんでした。民間企業での実績もまったくなく、何ができるのかも知られていなかったからです。

ですから私は、「お客様の信頼を得ることが先決である」と心して仕事に取り組んだのです。

ただ世の中的には、「刑事」というと警察官であり、公務員でもあるため、それなりの信用があります。テレビドラマでは、次から次へと刑事ドラマが放送され、刑事に憧れている人や警察小説が大好きという方もたくさんいます。

我が国では、刑事という職業を割と好意的に見てくれる方が多かったのは幸いでした。

身なりを整える

ワイシャツの襟はよれよれ、シミもついている、ズボンもアイロンがかかっていない。こんな身なりの人に信頼を寄せる人がいるでしょうか。

以前、私の会社にそんな方が営業にきたことがあります。せっかくでしたが、話を半分程度聞き、お帰りいただきました。いくら商品が素晴らしいものでも、値段的にお得でも、その営業マンから買いたいとは思えなかったからです。

高価なスーツやジャケットを着ろというわけではありません。少なくとも清潔感のある身なりを心がけることが信頼の第一歩でしょう。

私は刑事時代、公務員や政治家を取調べることがありました。前日からワイシャツやズボンにアイロンをかけ、靴も磨いた上で準備万端に整えて戦いに臨んだものです。あなたが残念ながら取調べを受ける立場になったとします。取調べを担当する刑事の身なりがお世辞にも清潔とは言えず、いかにも仕事ができないような雰囲気を醸し出していたら、はたして話す気になるでしょうか。

身なりは心です。心で接しようとしたら身なりにも気をつけます。信頼関係は、まず見た目から始まるのです。

仕事に一貫性を持つ

私は世の中の多くの方に「ウソの見抜き方」を知ってもらい、悪いウソを見抜いてもらいたいと思っています。悪い人間や悪い情報に騙されない世の中にしたいのです。ですからビジョンは明確で、大手の企業をはじめ、霞が関の各省庁でもこのスキルを知ってもらいたいのです。

そこで大事なのは、仕事への一貫性です。自分の思いと仕事の軸です。

たとえば私は、テレビ出演による露出も自分なりにラインを決めています。起業当初、バラエティ番組への出演オファーがありました。どんな番組かというと、警察の裏話を暴露するという企画番組でした。もちろん今でも依頼がくることがあります。

しかし私は基本的にすべてお断りしています。その理由は、私が現職の警察官だったら、そんな番組に出るOBを快く思わないからです。

また、昔の同僚、先輩、後輩は今でも治安を守るために日夜汗を流しているわけですが、現役が仕事をやりづらくなるような番組には出たくないからです。

私は約28年という長い間、警察組織にお世話になりました。今があるのは警察組織のお陰でもあるのです。ですから、その組織に後足で砂をかけて飯を食うことはしたくないのです。

誤解して欲しくないのですが、暴露番組に出演されている警察OBをここで批判しているわけではありません。その方々はその方々なりに本業のお仕事に繋がる一面もあるでしょうし、それぞれ諸事情があって出演されているからです。私は自分の考えと諸事情で出演しないというだけの話です。

起業当初、テレビは非常に魅力があり、名前を売るためにはどんな番組でも出演することは魅力でした。しかし、そこは自分の仕事の軸が定まっているという一貫性が大事だと思いました。

私は**軸がしっかりしていることが、ビジネスを発展させる秘訣だし、信頼関係を築くためにも必要**だと思っています。

相手の心理を読む2つのポイント

信頼関係が十分できたのを前提に商談を始めます。お客様の心理はどこでわかるのでしょうか。

瞳孔の開き具合でも心理がわかる

ある実験で男女の被験者に「赤ちゃんの写真」、「異性のヌードの写真」、「同性のヌードの写真」「風景写真」の4枚を見せたところ、異性のヌードを見たときに被験者の瞳孔が20％大きくなったという結果があります。

瞳孔が開くと目は黒目がちになり、また、興味のあるものは「見たい」という気持ちから目を大きく開いてじっと凝視します。そのため、きらきらと輝いて見えるのです。

人は興味のあるものや心地いいと感じるものを見るだけで、瞳孔が開きます。つまり瞳孔の大きさによって、相手が商品に対して興味があるかどうかを知ることができます。そもそも瞳孔の動きはコントロールできませんから、相手の心理を見抜く大きなヒントになります。

もし話をしていて、相手の瞳孔が開いたことがわかったら、それはこちらの会話やこちらに興味を持ったと考えていいでしょう。

視線を向ける方向にあるものは何か

「目の動きを見る」ことは、ビジネスの現場でも役に立ちます。

商談先のお客様にカタログを提示したとき、カタログのどこを見ているか、どのように見ているかで心理がわかります。

たとえば、乗用車のカタログであればどのページを長く見ているでしょうか？　性能ですか？　燃費ですか？　価格ですか？

長く、じっくりと視線を落とす部分には少なくとも興味があります。

逆に飛ばして見る部分にはまったく興味がないことを示しています。つまり燃費のページをじっくりと見ている方は、車を選ぶ上で燃費を重視していることが推測されます。その**視線の飛ばし方から心理を読む**のです。

カタログにまったく興味を示さなかったら、ほとんど脈なしということです。ですから、興味を持ってもらえるようなセールストークをしなければなりません。

ちなみに私がセミナーを開催するときは、セミナー終了後に売りたい商品（別のセミナーなど）があるので、その商品のチラシをセミナー前に配布しています。

受講生の中には、セミナー中にチラシをじっくり見ている人がいます。中にはチラシを見ながら天井を見て考え込んでいる人もいます。

参加金額か、支払い方法で悩んでいるのかもしれません。これは興味のある方の反応です。

興味のない人はチラシなんて見ませんから。

ですから、反応のある方は覚えておいて、セミナー後にそれとなくお話ししてみます。そうすると、「チラシのセミナーに参加したいのですが、日程が合わなくて……」などと悩みを打ち明けてくれたりするのです。悩みの解決策を提示できれば、買ってもらえる可能性が高くなりますし、「別の日にもありますから、ぜひ、参加してくださいい」と次につなげることもできるわけです。

手先の動きにも心理が出る

手先の動きにもいろいろな心理状態が表れます。

商談で話を聞いている相手が指先でトントンと机や椅子を叩いていたら、無意識に相手の話を妨害し、早く話を終わらせて欲しいと思っています。

手のひらを相手に見せている場合は、相手に対して気を許していたり、同意していたりする証拠です。

拳を握っていたら、拒絶のサインで不快感を感じている可能性が高いと言えます。

ポケットに手を入れたり、机の下に手を置いたり、腕を組んだりと、手を隠す動きには、自分の心を読まれたくないという心理が表れています。つまり、相手に対して心を開いていない状態ですので、話していることは本音でなかったりウソであったりします。

基本的にウソをついている人間は、頭に集中して上半身が硬くなるので、身振り手振りがなくなる傾向にあります。ですから手先が自由に動いている場合は、割とリラックスして聞いている可能性があります。

また、喫茶店などでお客様に商品の説明をしているときに、話を聞きながら飲み物のストローをいじったり、携帯電話をいじっていたら、「そろそろ飽きた……」というサインです。

前傾姿勢は「関心」あり

前傾姿勢は興味の度合を示します。

人間は興味があればあるほど、上半身が前傾姿勢になるのです。

私は全国で講演をしていますが、参加者の皆さんがどれだけ前傾姿勢で講演を聞いているかを見ています。

頭が前に出て上半身が前傾姿勢になり、さらに「うんうん」と頷いて聞いているのは、「話がおもしろい、興味がある」という裏返しです。ですから、「よしよし」と私も口がなめらかになります。

お客様と商談をしているとき、相手がテーブルの上のパンフレットを遠目で見て、椅子の背もたれに反り返り、足を前方に投げ出していたらどうでしょうか。

これはあなたの話を聞きたくないか、興味がないというサインです。

さらに姿勢を左右に傾けて頬づえをついていたら、あなたの話に不快感すら持っている可能性があります。

上半身の前傾角度が「興味の度合」を示しているわけですから、営業マンとしてはどうしたら前傾姿勢にできるかを考えながら話を進めないといけないのです。

腕組みをした客は何を言いたいか?

取調室で追及を受けている犯人は、腕組みをしていることが多いのです。これは、自分をさらけ出さないようにするためです。

つまり、取調べでの会話がストレスになっているのです。腕組みをしていると相手との間に壁ができますし、体を抱くような形になるので落ち着くのです。

さて、商談の場面で相手が「なるほど」と腕組みをして聞き始めたときはどうでしょう。

もちろん癖で組む方もいるので注意が必要ですが、**商談での話がストレスになって**

いる可能性が高いです。

最初は普通に聞いていた相手が「そうなんですね、なるほど」と腕を組み始めたら、「いつまでそんな話をしてるんだ?」と思われているかもしれません。

ですから、**話題を変えると腕組みがほどけたりする**のです。

本気か、冷やかしかの判断は足先を見る

43ページでもお話ししましたが、足先を見ていると相手の心理がわかります。

貴金属店でショーケースを覗き見るお客様がいます。そのときの足先に注目してください。足先がどっちを向いていますか?

もし、**ショーケースに向かってまっすぐ直角に足先が入っていたら、商品に興味があります。**つまり「本気で買いたい客」です。

しかし、足先が横を向いていたら、早く立ち去りたいというサインです。つまり「冷やかし客」です。ですから販売員は、お客様の足先を見て接客するかどうかを判

断してもいいでしょう。

私の講演を聞いた、ある高級外車販売店の社長さんが教えてくれました。

「私も車を見にきたお客様の足先を見て、接客するかどうかを決めていました。だから森さんのご説明を聞いて確信が持てました」と。

どういうことかというと、「冷やかし客」は足先が外を向いて車を見るとのこと。

また、車に試乗して降りるときも、やはり足先が立ち去りたい方向に向くそうです。ところが本気で買おうとしているお客様は足先がしっかりと車のほうに向き、車から降りたときも車の方向にしっかり向き直すというわけです。

ですから、車に足先が向いているお客様は、早く接客すれば売れる可能性が高いのです。

今日から足先を見て接客してみましょう。

相手の心理を質問で引き出す

基本的にお客様は困っていたり、現状を変えたいという思いで、新しい商品やサービスを購入します。

私は人事・採用や講師業のコンサルティングをしていますが、まずは**質問で相手の困っていることを聞き出します。**もちろん取調べではありませんので、相手に不快な思いをさせないようにしています。

お客様がどんなことにお困りで、どんなことを望んでいるか、どうなりたいのかがわかれば、あとは自社の商品やサービスで何ができるか、どう解決できるかを提案するだけです。

いまだに売り込み型の営業をしている方がいますが、インターネットで調べればいくらでも情報は出てきます。押しつけられる情報などいらないのです。

相手に好意を持つ

質問は、相手に好意を持たなければ出てきません。まずは相手に興味や関心を持つということです。

どんな仕事をしているのか、出身地、家族構成、趣味などを雑談の中から聞き出し、相手がどんな人間なのかを知り、好きになることです。そのためには自己開示も必要です。

また、よく自分のことは一切話さずに質問ばかりする人がいますが、相手は「あなたは誰なの?」「なんでそんなに私のことを知りたいの?」と不安になります。自分を知ってもらいながら相手を知るというスタンスが大事です。

こちらから心を開かないと、相手は心を開いてくれません。

聞き上手になる

人間は自分の話を聞いてもらえるとリラックスします。ですから、相手の話を聞くことがまず大事です。

刑事時代に関わった方は千差万別ですが、被害に遭ったり困ったりして相談にくる方は、不安を持っている場合が多いので、徹底して聞き役に回りました。1時間も話を聞くと、すっきりして帰る人もいます。

聞き上手になるには、相手の話したことに対して共感することです。

笑顔で「うん、うん」と大きく頷いて、「あなたの話を聞いてますよ」と伝えます。

もちろんポーズだけではダメなので、話もきちんと理解します。そして相手が話すことは否定せずに、一度は「なるほど」と承認すると、相手も話しやすくなります。否定ばかりすると、相手は話す気がなくなりますから、まずは承認してあげましょう。

現状を聞く

相手の現在の状況、気持ちを詳しく質問していきます。刑事のように立ち入った質問をすると嫌がられると思うかもしれませんが、それは真剣に考えている証拠ですのでどんどん聞いていきます。

私の場合は「立ち入った話で恐縮ですが、もし良かったら教えてください」と一応は断ってから低姿勢で聞いていきます。相手が話しやすくなるように、「それはどんな意味ですか?」「わかりやすく説明すると、こんな意味でよろしいですか?」「たとえば、こんなことですか?」とかみ砕いて質問します。

いろいろと話していくことで相手の頭は整理されてきて、「そうだね。気づかなかったけどそういうことだ」と、現状の問題点が明らかになる場合があります。

深掘りすればするほど、問題点が明確になってくるのです。そうすると、お客様自身がどうしたらいいかも見えてきます。

逆を言うと、問題点は深掘りしてみないとわかりません。だからよくよく考えてもらうことで、原因を認識してもらうのです。

欲求を確認する

「なるほどつまりそのような現状なのですね」と確認すると、「そういうことですね」と自分の課題なり、問題点がわかったことで相手はすっきりした表情になります。

そうしたら、**「それでどうしたらいいと思われますか？」と質問します。**

要はどうしたらいいかは、相手が一番よくわかっているわけです。ですから、それを自分の意思で話してもらいます。そうすると問題点もさらに整理されて、どうしたらいいかが明確になります。

ここでも「なるほど、なるほど」と聞いてあげると、どんどん話してくれるので聞いていればいいのです。

解決策を提案する

ここまできたら、**「それを解決する方法は何がありますか？」と聞きます。**

たいがい、相手から問題の解決策が出ています。出ていない場合は、「こんな方法がありますね」と誘導します。そのあと、「それはなされていますか？」と実行しているかを聞きます。

できていない場合は、「ご自分でできない理由は何ですか？」と質問すれば、理由をいろいろと話してくれるでしょう。

ここで初めて商品やサービスの提案をするのです。

「ご自分でできない場合、弊社としてはこんなことができます」

「お話をお聞きになりますか？　お手伝いできるのならさせていただきます」という展開です。だいたいの方は興味を持って聞いてくれますし、ここまでできれば、あとは説明などいらないくらいです。

相手からの未来の質問で心理を読む

商談していると、相手が「未来に向けた質問」をしてくることがあります。買おうとしている商品やサービスではなく、未来の質問です。このときがクロージングのチャンスです。

刑事時代にも「未来の質問」をされることがありました。

特に初犯の犯人の取調べをしているときに多かったと思います。

「これから仮に裁判になったら、どんな手続きで進みますか？」

「拘置所って、どのくらいいるものですか？」

「刑務所では、手紙って書けるのですか？」

このような、**自分の未来を気にするような質問は、「落ちる」サイン**なのです。もう認めようかという心境の表れを示しています。

これは商談でも同じです。人間は未来を想像すると、当然ながら現時点より未来の疑問について質問をしてきます。また態度にも変化が表れます。

つまり、お客様が未来に関する質問をしてきたときが、クロージングのタイミングなのです。

・価格に関する質問をしてきたとき

購入する気がなければ価格に興味はありません。妥当な金額なのか、割引してもらえるのか、価格の情報を欲しがったり、値引き交渉をしてきたら購入の意思があります。

・お得感を確認してきたとき

購入するにあたっては、他と比べてお得であることを確認したくなります。電卓やスマホを取り出して、商品を購入することのメリットやお得感を計算し出したときがチャンスです。

・支払い方法について質問してきたとき

分割支払いが可能なのか、カードは使えるのかなど、支払いに関する質問も、未来を知りたいときの質問です。

・いつ届くのかを確認してきたとき

商品が配送で届くような場合、最短でいつ届くのかなど、先の情報が知りたくなります。これも未来を知るための質問だと言えます。

刑事の雑談

「交通違反の取締りにノルマはあるのか？」

この質問は比較的よく聞かれる質問です。

その答えは「あります」。

「ノルマ」というと聞こえが悪いのですが、要するに「目標」です。

警察官も公務員ですが、基本的に公務員という職業は、給料に差がほとんどありません。査定期間内に優秀な成績の職員にはボーナス加算という制度がありましたが、実際は普通に勤務していれば給料にそうそう差がないのです。

その公務員を一生懸命働かせるには、どうしたらいいか。

目標を掲げてやらせるしかありません。

実は警察業務には、そのすべてに目標が掲げられています。刑事事件の検挙件数はもちろん、事件の抑止目標件数、死亡事故抑止目標件数、また、採用の応募者獲得件数などという目標もあります。つまりほぼ全部の仕事に目標を掲げて仕事をさせているのです。

その中の一つに、交通違反の取締り件数があります。

取締りの目的は、悲惨な死亡事故をなくすためです。

交通警察官は日頃から悲惨な死亡事故をたくさん見ています。ですから、死亡事故をなくすために、悪質な運転や危ない運転をするドライバーを取締まっているのです。

しかし、基本的に交通違反は過失ですから、やりたくてやっているわけではない違反者がほとんどです。それはよくわかります。

ですが、頭にくるからといって捕まえた警察官を責めても仕方がありません。いくら文句を言われてもそれに耐え忍ぶのが、交通警察官なのです。彼らはある意味凄いのです。

ちなみに私は、交通違反の取締りは必ず文句を言われるので大嫌いでした……。

あなたが交通事故で死んだら悲しむのは愛する家族であり、恋人であり、友達です。

「大きな事故を起こす前に捕まって良かった。これで当分は注意して運転できる」

……もし交通違反で捕まったら、そんな大きな心で対応してくださいね。

第6章

部下の心理・本音を見抜く

部下と信頼関係を築く

近年、働く職場はかつてないほど「人に関する問題」が大きくなっています。新入社員が数年で辞めてしまう離職問題、少子高齢化による人手不足の問題、鬱などの心の病によるドロップアウト問題など……。

長期にわたって会社で戦力になっている貴重な人材にあっさり辞められたり、苦労して採用した新卒社員やアルバイトが僅かな期間で辞めてしまったりしたら、会社は大打撃です。場合によっては、業務がストップすることもあるでしょうし、職場の士気が著しく低下することもあるでしょう。

また、採用やそれまでにかけた教育費用は、すべて無駄になります。金銭で換算すると数百万円規模になることもあります。

職場を辞める理由は人それぞれです。中でも特に多い理由が、「職場の人間関係」と言われています。

しかし、「あの課長とは馬が合わないから転職したい」「精神的に辛い。そろそろ退職したい」「職場の雰囲気が悪くていい仕事ができない」など、こんな部下の悩みに早く気づけたら離職率も下がる可能性があります。

上司はただ売上の管理だけをしていればいいわけではありません。日々、部下の顔色、言動にも興味を持ち、コミュニケーションをとることが重要になります。上司と部下のコミュニケーションが活発になれば職場が活性化します。

まずは**上司が部下の心理を知り、部下を上手にコントロールすることが大事**なのです。

まずは部下に興味を持つこと

私が前職で所属した広域緊急援助隊（機動隊）には、50名の部下がいました。

この部隊は30歳前後の若い隊員が多く、みんな血気盛んでしたが、若い隊員に囲まれ、私自身も気持ち的に若くいることができました。また、和気あいあいと楽しく勤務させてもらったことを今でも感謝しています。

この部隊に在隊中の2011年3月11日、東日本大震災が発災しました。我々の部隊は震災当日から福島県に派遣されて、救出活動に従事しました。

さて、大災害時の派遣は精神的・肉体的な負担も大きく、過酷な任務です。幹部と部下の意思疎通がなされていることが部隊の運営において重要となります。指揮官が右と言えば右へ、左と言えば左へ、そんな統率力が部隊には必要なのです。

しかし、もし指揮官の指示に隊員が疑問を持っていたら、どうでしょうか。当然、動きはぎこちなくなります。**信頼関係があってこそ指示に従う**からです。

そのため、私は日頃から自分を知ってもらうのはもちろん、部下を知ることに努めていました。

部下を知るには、日頃から「部下に興味を持つ」ことが大事です。

人間は自分の興味のないことは、たとえそれが目の前にあっても素通りしてしまいます。見えているようで見えていないのです。

人にとって興味を持たれないほど悲しいことはありません。ですから**「あなたに注目しているよ」「あなたを見ているよ」そういったサインを積極的に出しましょう。**

そうすることで、自然と部下の情報が集まり、記憶にも残り、良好なコミュニケーションが形成されていきます。

ですから、私は分隊長や小隊長という中間幹部にも、末端の隊員の情報についてマメに報告させていました。

「A隊員の父親が入院したらしいです」、そんな情報が入ってきたら、「お父さん、入院したんだって？　具合はどうなんだい？」とA隊員にすぐに声をかけます。

このような一つひとつの積み重ねによって、部下との信頼関係が築かれます。自分に興味を持ってくれている上司に不快感を持つ部下はいないものです。

コミュニケーションは自己開示から

上司は日頃から部下とコミュニケーションをとることが大事です。どうやって良好なコミュニケーションをとるか、その一つが**「自己開示」**です。

部下の立場からすると、上司と一緒になっただけでも緊張して、何を話したらいいかわからなくなる人もいます。そんなときに私は、自分から話しかけて自己開示をしていました。

「昨日さ、今流行っている○○って映画を見てきたんだけどおもしろかったよ。○○君は映画とか見たりするの？」「あ、私も見ました！」なんて話が始まるわけです。

こちらから自己開示しなければ、部下が心を開くことはありません。

これは犯罪者の取調べも同じです。

取調官が自己開示して自分のことを話せば、徐々に相手は心を開き、本当のことを話してくれるようになるのです。

「こんな刑事に話してたまるか」と思われたら、絶対に話してくれません。取調べではまず信頼関係を作ること、それが話を引き出すための大前提です。

あなたのまわりにも、イマイチ何を考えているかわからない人がいると思います。そんな方はたいてい自分のことを話しません。つまり自己開示をしないから、何を考えているかわからないのです。その結果、近寄りがたく、話しかけづらい雰囲気を作り出すことになります。

自分を知ってもらえていないというのは、長い目で見たら本当に損です。相手から誤解されて見られているわけですから。

だからこそ、自分からどんどん自己開示して「私はこんなやつです」と訴えた方がいいのです。

ところで、自己開示の最たるものは何だと思いますか。

それは**「失敗談」**です。

昔の私の上司で、ぱりっとしたスーツに身を固めていて、いかにも仕事ができそうな雰囲気でとっつきにくそうな上司がいました。その人柄をよく知らないときは、「あんな上司は苦手だな！」と勝手に思っていたのです。

ところが仕事を一緒にする機会が増え、いろいろと雑談をするようになると、その考えは一変しました。

その上司は、自分の日頃の失敗談をおもしろおかしく話してくれるのです。聞いていて大笑いしてしまいました。「この人、おもしろい人だな！」と印象がガラッと変わったのです。

「こんな格好いい上司でも失敗はするんだな」と親しみが湧き、それを恥ずかしがらずにさらっと話す人柄に惹かれてしまったんですね。

人間を惹きつけるのは成功談ではなく、間違いなく失敗談です。それを上手に自己開示して話すと、部下は上司に心を開いてくれるようになるでしょう。

もちろん失敗ばかりしている上司は問題外ですが。

部下をとことん信頼する

部下は上司に信頼されているからこそ、いい仕事をしようと思うのではないでしょうか。

刑事時代、事件捜査で犯人の取調べを行うことがたくさんありました。特に大きな事件になると取調べすべき関係者も多いので、取調官も複数人が配置されます。

事件着手前に刑事が集められて事件の説明を受けますが、その際、任務一覧表が配られます。それを見ると、取調班、聞き込み班、裏づけ班などと任務が分かれ、自分がどの班で何をするかがわかります。

主役は当然取調班ですが、誰の取調べを担当するかで、現場指揮官の期待度がわかりました。

「主犯格のAにはベテランの○係長、共犯のBに私をあてたということは……」という感じです。当然ですが、事件のキーマンには取調べ技術の優れた刑事をあてます。そこで指揮官の取調官に対する信頼度がわかるのです。

取調べを担当していると、なかなか落ちない犯人にあたることもあります。

連日、取調べが続き、取調官もかなり精神的にはきつくなります。まして共犯者が認めているのに、自分の被疑者だけが落ちないとなると、「どうしたら認めてくれるのか」と、寝ても覚めてもそのことばかり頭に浮かぶようになるのです。

逆に事件の指揮官からすると、「いつになったら認めさせることができるのか」とイライラします。

特に殺人事件などで容疑者の供述がないと事件解決が厳しい場合は、なんとしても落として欲しいと思うわけです。あまりにも落ちないと「取調官の交代」も頭をよぎりますが、そこは部下への信頼です。

取調官にとって、取調官を変更させられるほどプライドを傷つけられることはありません。おまけに交代した取調官がいとも簡単に落としてしまったら、それこそ面目丸潰れです。

中には取調べしている取調室に事件の指揮官が入ってきて、自分で取調べを始めてしまうことがあります。取調べに自信のある指揮官がやりがちで、「俺が落としてやる」くらいの勢いで入ってくるわけです。

これは部下を信用していないことの表れです。私が指揮官のときには絶対にしませんでした。上司が落としたら、取調官の立場がないからです。

取調室での主役はあくまでも取調官です。ですから「結果はどうであれ、責任は俺がとる。だからお前に任せたぞ」という態度で臨みます。

部下をとことん信頼することで、部下との信頼関係を作っていくのです。

周囲から情報を収集する

部下のまわりには同僚、上司がいます。また取引先の担当者もいます。

良好な関係を築くためには、日頃から、このような部下の周囲からも情報を収集することも必要です。そこには、**自分の前にいるときとは違う部下の姿があるから**です。同僚に対する姿、取引先に対する姿、他の上司に対する姿もあるでしょう。部下を知る上で、周囲からの情報収集は欠かせません。

これはもちろん、部下と良好なコミュニケーションをとるためです。

「あれ、こないだ隣の課長から聞いたけど、一緒にマラソン大会に出るんだってね」

「あ、課長、情報早いですね。実は……」などと話も膨らみます。

つまり、日頃から部下とのコミュニケーションのネタを集めておけということです。

しかし、これは部下に興味を持たないと、アンテナにひっかかりません。

まずは部下に興味を持ってください。そしてその小耳に挟んだネタは部下に会ったときにひと声かけるネタとして使うと効果的です。

社長や上司からひと声かけられたら「あなたに興味を持っていますよ」というメッセージにもなり、部下は嬉しいものです。

上司に過度な興味を持たれてもウザがられるだけですが、みんなが知っている情報を知られてもそれほど嫌がる人はいないでしょう。

しかし、**周囲にアンテナを張っているといい情報だけでなく、悪い情報も入ることがあります。**

悪い情報には、「対応が悪いというクレーム的な話」から、「集金を横領しているといった不正の話」まであります。クレームは指導するきっかけにもなりますし、不正であれば早い段階で察知することで、被害を最小限にすることもできます。

特に不正は、同僚や取引先との何気ない会話の中で判明することも多く、情報収集は決して無駄にならないと思います。

聞き役に徹し「間」で見抜く

部下とコミュニケーションを図るときは、なるべく部下に話をさせて聞き役に回ってください。自分だけがベラベラ話しても部下の考えはわかりません。そこで、聞き役に徹して、部下の持っている情報をうまく引き出すのです。

聞き役に徹する上で注目すべきは、**会話の「間」**です。

「間」にはいろんな思惑が見え隠れします。「社長に言うべき？　いや言わないほうがいいかな？」なんていう、部下の迷いも間に表れます。

間に注目していると、部下の心理がわかるのです。

「ここはたぶん言いたくない、と思っているからできる間だな」と感じたら、私は黙って、相手が話し出すのを待つようにしています。

どうしても相手が話さない場合には、「何？　何？　遠慮しないで言ってくださいね」と答えを引き出します。そうすると「あ、実は……」と話し始めてくれることがあります。

話している最中に間がないのは要注意です。

ウソをついている場合、偽のストーリーを早く伝えようという意識が働きます。その結果、早口になったり、機関銃のように話し続けたりすることがあります。

このようなときは、あえて口を挟んで間を作ります。すると、話のトーンが変わったり、以前の報告と辻褄が合わないことがわかったりします。

そして**間があるときは、顔の表情や仕草にも気をつけて見ます。**

黙った瞬間に顔がこわばったり、引きつったりというのは、何かを隠している可能性が高いです。あるいは何かを言おうと考えているのかもしれません。

その他、自律神経信号が出ていないか、顔を触ることはないか、体が正対して話しているか、などの仕草にも注目してください。

部下の心理状態を服装や身なりの変化で見抜く

「目は心の窓」と言いますが、服装や身なりも心の窓だと思います。そのときの精神状態は服装や身なりにも表れるからです。

以前は、まったく身なりを構わなかった部下の男性警察官が、突然おしゃれになったことがありました。私はすかさず聞きました。「彼女できたよね？」と。

「え、なんでわかるんですか？」と彼は驚いていましたが、普段から部下の変化に気をつけていたらわかるものです。

女性の中には、顔色や肌に出る方がいます。

ストレスがたまると、いつもより化粧のノリが悪いように見えることがあります。ストレスは見えるところに出るものです。

これも、普段との違いを感じるかどうかです。日頃から何気ない観察が大事になります。

逆に、**普段は身なりがきちんとしていたスタッフが、髪も整えず、スーツもよれよれで出社するようになったら要注意**です。もしかすると、心の病かもしれません。

その原因が仕事にあるのか、家庭にあるのか、もちろん立ち入れない部分はありますが、原因を把握する必要があります。

昔の同僚で、心の病を抱えている人がいました。普段はきちっとスーツを着ていたのですが、あるときから髪はボサボサでスーツもよれよれで来るようになったのです。目もうつろで、元気もなくなってきているように感じたので、病院へ行ってもらうと、うつ病ということがわかりました。

ちょっと気になる部下がいたら、二人きりのランチに誘い、「ちょっと最近疲れてない？　何かあるなら遠慮なく話してね」、そう声をかけたらどうでしょう。それがきっかけで職場の人間関係の悩みなどを話してくれるかもしれません。

部下のストレス発散方法で見抜く

上司として、部下が健全なストレス発散方法を持っているかどうかを知っておくことは、重要です。

実は犯罪者が発するセリフに「むしゃくしゃして……」というのがあります。放火や万引き、あるいは性犯罪でもストレスが原因で引き起こすことがあります。

放火魔は、火を見たくて火をつけるわけではありません。放火魔は日常生活でストレスがたまると、そのストレスを解消するために火をつけます。

赤い火が上り、周囲は大騒ぎになって、消防車や警察が集結します。その騒ぎが刺激になり、ストレスが一時的に緩和され、また日常生活に戻っていくのです。

また万引き犯も、どうしてもその商品が欲しくて盗むわけではありません。現金を持ち合わせていたりします。

独居老人が一人でさみしさのあまり、かまってもらいたくて万引きをする場合もあります。いずれもストレスが原因です。


さらに性犯罪についてはムラムラして犯行を起こすこともありますが、ストレスが原因になっているケースもあります。

性犯罪の加害者研究の第一人者である大阪大学の藤岡淳子名誉教授は、性犯罪には「ストレスの悪循環」と「犯行のサイクル」があると言っています。

日常生活で失敗が重なったり、上司に怒られたりするとストレスがたまります。このストレスを最初は、性的動画を見てマスターベーションして解消しています。これが「ストレスの悪循環」です。

要はスポーツなどの健全なストレス発散方法がなく、性的な事柄でストレスを解消していることが悪循環なのです。ちなみにこのサイクルに収まっているかぎりは、犯行に至ることはありません。

ところが、それでストレスを発散させることができなくなると、外に目が向き始めます。「女性を襲う」ということを考え始めるのです。これが「犯行のサイクル」です。

そしてある日、実行に移し、成功すると新たな快感を得ることになり、そこでストレスが解消されます。日常生活のストレスを解消するために女性を襲うということが、最悪のストレス解消法となり、連続犯行に及ぶのです。

こうなると自分では止められません。なぜかというと、代替のストレス発散方法がないからです。代わりの発散方法が見つからないと永遠に続く危険性もあります。

ですから、健全なストレス発散法を持たせるということも必要なのです。

大きな会社でたくさんの部下がいればいるほど、このような問題も生じてきます。日頃から部下とコミュニケーションをとり、ストレスの発散方法を聞いておく。**もし健全なストレス発散方法がなければ、何か別の方法でそのストレスを発散しているはずです。**

従って、会社としても福利厚生面で健全な趣味作りに協力することが必要なのです。

部下の不正を見抜く

「社員の不正」が疑われた場合、企業の人事担当者は、内容を調査して処分を下さなければいけません。当然ですが、最終的には当該社員から事情聴取をする必要が出てきます。

ところが、すぐに不正を認めてくれたら問題はないのですが、否認された場合は困ってしまいます。やったのか、やっていないのか、黒なのか白なのかがわからなくなってしまいます。

そもそも犯罪捜査の経験のない人事担当者に、それをやれというのも無理があります。

社員の不正が発覚してしまったときの対処方法はどうするべきか。ここでは社員による集金先での売上金の着服、つまり横領の不正を例にして話を進めます。

まずは実態解明の責任者を決めることです。

これは、対象社員の直属の上司がいいでしょう。責任者とだけ連絡を取り合い、なるべく周りの社員に気づかれないように調査を進めていきます。

対象社員には、こちらがこの事実を認知していることが気づかれてはいけません。

なぜかというと、対象社員に証拠隠滅や言い訳の理論武装の時間を与えてはならないからです。せっかく尻尾を掴めそうなのに、ひっこめられたら、動きが止められてしまいます。

よくあるのは、対象社員の同僚などに確認したら、周りから本人に伝わってしまうケースです。

次に証拠収集です。

責任者を通じて、どんな証拠でもいいので集めてください。

横領の事実であれば、発注伝票、請求書、領収書などの書類、それから実態を知っている社員がいれば内密に事情聴取をします。人証、物証を収集していくのです。

証拠が出揃った段階で関係者と打ち合わせをして、どこまで本人を追及できるかを検討します。そして**追及した結果をどこまで認めさせるのか、認めた結果をどうするのかも大まかでいいので決めておきます。**

この場合は違法行為の横領罪ですので、顧問弁護士にも相談しておくことが大事です。

最終的には本人を呼び出して確認します。

業務の打ち合わせなどを理由に会議室などの個室へ呼び出すといいでしょう。**相手に察知されないことが重要です。**これも、事前に察知されると言い訳などの理論武装をされるので、いきなりのほうがいいと思います。

そして対象社員に対し「あなたの仕事の関係で聞きたいことがあります。会社では売上金の管理を徹底しているのはご承知だと思いますが……」と切り出します。

これは「何を聞かれるのか」を気づかせる会話です。ここで初めて対象社員は身構えることになります。

そこでタイミングを見計らいながら、**会話の中で「可能性質問」をします。**

「あなたが集金に関して不正をしているのではと、取引先の関係者から情報が入る可能性はありますか？」

もし彼が犯人であれば、この質問に反応できません。予期せずに、いきなり核心に迫ったことを聞かれると、人は答えられなくなるのです。

「会社はどんな情報を握っているのか」「なぜ気づかれたのか」「どうやってこの場を取り繕うか」ということにばかり意識がいきます。つまり頭が真っ白になるのです。ですから、しばらく反応がありません。

したがって「相手が固まって反応がない、反応が遅れる」場合には、黒に近いと考えていいでしょう。そして最終的には、「そんな可能性はないはずです」などと答えます。

本当に何の可能性もない人は、考える間もなく「そんな可能性はないです。だってやっていませんから」という反応になります。

ただ注意して欲しいのは、すべてのケースでこのような反応になるとは限らないということです。

たとえば、当該社員が事情を聞かれることをすでに察知しており、徹底的に理論武装している場合には、すぐに回答してきます。

また、「バレたらバレたで仕方ない」と開き直られると、これもやっかいです。ウソのサインは「良心があり、罪悪感がある人」のほうが強く表れるからです。

徹底して証拠を潰していて「絶対にバレないという自信がある者」や「どうなってもいいと開き直っている者」には、効果が薄い方法であることもつけ加えておきます。

刑事の雑談

「ヤクザ担当刑事は、なぜ風貌が似ているのか?」

「先日、暴力団担当の刑事さんが、ある事件のことで聞きたいと会社にこられたんです。失礼ながら一瞬本物のヤクザがきたのかと思ってびっくりしました。見た目はどっちがヤクザかわかりませんね」と、知人の社長さんが話してくれました。

よく聞く話ですが、暴力団担当刑事は対象の暴力団員によく似ています。

なぜ似ているのでしょうか。

それはある意味「ヤクザが好きだから」です。

だいたいヤクザが嫌いな人は、ヤクザ担当の刑事にはなりません。

刑事も自分の好き嫌いである程度は仕事を選ぶことができるので、「暴力団担当をやりたい」という者が選ばれるのです。

そんな私も現職時代には、暴力団担当の暴力団対策課の刑事と合同捜査班で仕事をしたことがあります。これは暴力団が絡む知能犯事件でした。

一緒に仕事をしているとよくわかりますが、まったくもって彼らはヤクザのようです。格好、風貌、話し方がそっくりです。

彼らは相手が相手だけに、スーツやネクタイが普通のサラリーマン風ではなめられてしまいます。だから、相手を威嚇する上でも似たようなファッションになるのも仕方ないんですね。

しかし、なんだかんだ言っても警察官ですから、正義感は強く、義理人情に熱い刑事が多いのは確かです。仕事の話になると熱く語るのも、暴力団担当刑事です。

警察署に行く機会がありましたら、ヤクザのような風貌の刑事にぜひ、注目してみてください。

第7章

ウソつきや詐欺師に騙されないために

詐欺師は信頼関係を築くプロ

詐欺を働く輩《やから》は、人間心理を読むプロです。

そもそも詐欺は、相手に信用してもらって、お金を自発的に出させる必要があります。強制力でお金を出させる強盗とは違います。ですから、詐欺師は人の心理を読んで、その気にさせるにはどうしたらいいかを常に考えて行動しています。

詐欺師がまずやることとは、「相手の信頼を得ること」です。信頼してもらえないと、お金は出してもらえないからです。

独居老人のおばあちゃん宅に訪問し、まずは話を聞いてあげます。次は「お菓子を買ってきたから」と居間に上がり込みます。ひとり暮らしの相談に乗ったり、優しく接して信用をしっかり摑みます。そしてある日、「実はこんないい商品があるんだけどね」と高価な商品を勧めるのです。

詐欺師とデキる営業マンは紙一重です。

両者は非常によく似ています。信頼関係を築くプロだからです。

見ず知らずの人が優しく言い寄ってきたら、注意しなければいけません。「そうは言っても疑うばかりの世の中は寂しいよ。本当の善意かもしれないじゃない」、そう思うかもしれません。

確かにそうです。その境界線は「必要以上に接してくるかどうか」です。「見ず知らずの人がなぜここまで親切にしてくれるの?」、そう考えないといけません。相手には何か思惑があるから、あなたに時間を割くのです。

「実は……」と切り出してきたら、「そういうことか」と我に返ってください。あるいは途中でその思惑を感じたら、釘を刺しておくことも大事です。「私は買わないからね」、それで離れていったらそれだけの話です。

こんな人は騙されやすい

私は長いこと知能犯担当刑事をしていましたので、騙す側と騙される側、両方の話を聞く機会がありました。私の経験から、こんな方が騙されやすいと思います。

「私は大丈夫だ」と思っている人

「私は過去に騙されたことがあるから大丈夫」「私に限って騙されることはない」「私はそもそもお金がないから騙されない」などと、根拠のない自信を口に出す方がいます。

しかし、過去に一度でも騙された方はそもそも騙されやすいのです。私に限って騙されないということも絶対にありません。今、手元にお金がなくても、本当に困ったら、借りてでも払ってしまうものです。つまり油断大敵です。

騙された方が警察にくると、**「私に限って騙されるとは思わなかった」**と口を揃えて言います。私に言わせれば、だから騙されてしまうのです。

もしあなたが「私は大丈夫」、そう思っていたとしたら、そんな考えは一刻も早く捨ててください。変な自信が邪魔になり、いつかきっと騙されます。

舞い上がってしまう人

人間には欲があります。その欲を満たす話を持ってくるのが詐欺師です。その欲が満たされると思ったら、夢の世界に染まって舞い上がってしまう方がいます。現実の問題を無視して、優雅な未来ばかりに目がいってしまうのです。

世の中に、そうそううまい話はありません。

「あなただけに特別なお話があります」……なぜ見ず知らずのあなたが私だけに特別な話をしてくれるの？

「ここだけの話ですけどね」……隣の家でもここだけの話をしていませんか？

おいしい話を信じて舞い上がると、冷静な判断ができなくなります。

欲を満たした未来はあとで考えることにして、とにかく冷静に、頭を冷やして、場合によっては時間をおいてから再度話を聞いてみるといいでしょう。

優柔不断な人

騙される人の性格を簡単に言うと「優柔不断」の方が多いです。右へ行くか、左へ行くか、迷いに迷って結局どちらも決められず相手に任せたりします。

とにかく自分に軸がないため、言いなりで騙されてしまうケースが多いのです。必要な話は聞く、必要じゃなければ買わないなど、意思をしっかり持つこと。そして他人に決定を委ねず、自分でよく考えて決めるようにしましょう。

そのためには、**よくわからない状態で決めない**こと。

詐欺師はいろいろな情報を与えて正常な判断ができないようにします。聞いていないことも答えたり、質問を誤魔化してなんとなくわかった状態にするのです。そして契約を迫ったりします。

たとえば、投資話で「どうしてそんなに運用益が出るのですか？」と質問しますと「○○という開発途上国ではさまざまな開発プロジェクトが進んでおり、近い将来、大きく経済成長します。その国の通貨を安価な今のうちに買っておき、経済成長に応じて値上がりしたところで売れば儲かるからです。先日勧めた私の知人は10％

の運用益をすでに受け取っています。数千万円も儲かったんでハワイに別荘を建てると喜んでいました。ハワイの別荘は貸してもいいし、所有していればそれも金になりますよ。○○さんの車はベンツでしたっけ。ベンツの調子はどうですか？　渋谷にある外車専門の中古車買い取りの社長をよく知ってますから、新車を購入されるなら高く買わせますよ。そうだ、今度ゴルフどうですか？　伊東で会員になりましてね……」、このようになんとなく質問に答えますが、矢継ぎ早にいろいろな情報を与えて、話の矛先も変え、わかったような気にさせるのが手なのです。

ですから質問に明確に答えてくれなかったり、聞いても内容がよくわからないときには、納得できるまで契約してはいけません。

学習意識の低い人

オレオレ詐欺に遭った高齢女性が被害の届け出にきて、「あのー、実は私、前にもひっかかったことがあって今回で2回目なんです……」「えー、2回目？」なんてことがよくあります。詐欺師の嗅覚は鋭いのです。

昔、流行った「原野商法」という詐欺があります。北海道の原野で二束三文の土地を「今後、開発により高くなる」と売りさばく商法です。そのあと、騙された方の名簿が出回り「当時の被害を回復する方法があるから」と誘われて、また騙されたりするわけです。

痛い目に遭ったら忘れないように。失敗から学んだことを次に活かしましょう。

友達が少ない人

詐欺やおいしい話にひっかかる人には足りないものがあります。それは親しい「友人」や「知人」です。まわりに相談できる人がいないので、自分の独断で判断して騙されるわけです。

独居老人がいい例です。親しい友人や知人がいたら「これどう思う？」と聞くことができます。そうしたら「それおかしいよ」とアドバイスしてくれることもあるかもしれません。

詐欺師は「旦那さんに相談しないようにね」「他人に言わないでね」「内緒の話だから」と、他人への相談を口止めする者もいます。口止めされたら余計に疑わないといけません。

騙されないためにどうするか？

自分の直感を信じること

詐欺の被害者が、警察に届け出にくると必ず言うことがあります。

「あのとき、おかしいと思ったんだよ」

つまり騙されながらも、どこかで「おかしい」と気づいているのです。

気づいているのになぜ騙されるのか。

それはせっかく直感が働いてアンテナが立ったのに、自分なりに解釈して、アンテナをたたんでしまうからです。

「やっぱりこの人いい人だし」「せっかく時間かけてもらっているし」「儲かるかもしれないし」……そうやってアンテナをたたんで、警戒心を解いてしまうのです。

人間の直感は鋭いものがあります。**「何かおかしい」と感じたら、そのアンテナを**

立たせたまま、交渉していきましょう。それが怪しい人物に騙されないコツです。

断る理由は明確に

騙されないためには、**「常に断る理由を明確に考えておくこと」**です。

もちろんいろいろな詐欺のパターンはありますが、自分にとって利益のあるような話がきたときにはこれが使えます。

たとえば、最近私にもネットワークビジネスとか、資産運用話とか、投資話とかよくわからない話をしてくる人がいます。そんなとき、私はこう断っています。

「私は元刑事です。そのお話は私にとっていい話なのかもしれませんし、何ら問題のないことなのかもしれません。しかし、仮におかしな話だとします。それに私が首をつっ込むと一瞬で信頼を失います。皆さん、私が元警察官ということで信用してくださっている方もたくさんいます。その信頼が私のブランドでもあるのです。ですから、そういったお話には一切関わらないようにしています。申し訳ありませんがお断りします。ごめんなさい」

つまり断る理由はいつも同じです。

言ってみれば自分ブランドの保持です。理由を明確にしてきっぱりと断るのです。そこに迷いはありません。ですから相手も引き下がるのです。

ここで私が優柔不断に対応したらどうなるでしょうか。

相手はまた話をしにくるでしょう。そのうち断り切れなくなり、契約に至るでしょう。

人間というのは、回数を重ねるごとに情が湧いて親近感を持ちますし、会う回数が多ければ多いほど断りにくくなります。その分、時間も投資するからです。

ですから悪い虫が寄ってきたときのために、明確に断る理由を常に考えておくこと。

そして、**なるべく早い段階で明確に断る**ことが騙されないコツでもあるのです。

知識を増やして自己防衛する

実際のところ、詐欺師のウソはそうそう見抜けません。そこで、知識を増やすことをオススメします。

「こんな詐欺の話をどっかで聞いたことがあるぞ」「最近、こんな詐欺が流行だとニュースで見たぞ」とひっかかれば騙されることはありません。ですから「詐欺師の特徴」そして「詐欺の手口」を知識として増やしてください。

悪いウソを見抜くスキルを高めよう

ここまでウソの見抜き方をお話ししてきましたが、では、どうしたらウソを見抜くスキルを高めることができるでしょうか。あなたでもできるいくつかの方法を紹介します。

人に興味を持つ

そもそもウソをつくのは人間ですから、人間に興味を持たないといけません。人間が嫌いだったり、人間に興味がないと、ウソを見抜くことができないのです。人は、年齢、性別、出生地、居住地、職種、役職、家族構成、趣味など、本当に千差万別です。そこで、たくさんの方と接し、たくさん話をして、思考や行動原理を学びましょう。

ちなみに私は、警察時代から今までに数万人と会っています。これだけの人間と接すると、人をタイプ（性格）別に分類できるようになります。

つまり、「この人はあの人に似ているから、きっと性格も細かくて、約束にもうるさいタイプだろう」と、**ある程度の特徴を先読みして、コミュニケーションを図れるようになる**のです。一種のプロファイリングと言えるでしょう。

では、私がどのように対応するか。たとえば、会社に営業マンが飛び込みできた場合でお話しします。

まずは、外見から分析します。年齢は40代半ばくらいで、ワイシャツはよれよれ。髭《ひげ》が少し伸びて、日焼けした顔。不潔というほどではないが、清潔感はなく、どちらかというと好感の持てるタイプではない。

私は過去のリストから「あの人かな？」「いやあの人に似てるかな？」と一致するような人物を引っ張り出して照合していきます。

少し話をしていくと、さらに分析が進み、「たぶんルーズな人だな？」「約束を守れるタイプでもないな?」などと、先読みしていけるわけです。

これができると、人間関係で同じ失敗をしなくて済みますし、踏み込むところを間違うこともありません。

もちろん事前に想像したタイプと違う場合もありますが、ほぼ読み通りのことが多いです。

まずはたくさんの人間と会って話をして、数々の情報をインプットすることをオススメします。

電車内の人間観察

刑事はいろんな場面で人間心理を読むトレーニングをしています。その一つが電車内の人間観察です。

電車に乗るといろいろな人がいます。スマホをいじるサラリーマン、子連れの主婦、ジャニーズの話題で盛り上がる女子高生、資格試験の参考書で勉強する中年男性……。

電車内の席が埋まっていたら、人間観察をして誰が一番先に降りるかを推測するトレーニングをしてみましょう。

まずは**乗客の服装、持ち物から推測**してみます。

少し先の駅に大きなビジネス街があれば、あなたの前にいるサラリーマン風の男性はその駅で降りる可能性があります。

また作業服を着て大きなバッグを抱えている男性は、大規模開発をしている場所がある隣の駅で降りるかもしれません。

仕草や態度にも注目することが大事です。

椅子に浅く座っている主婦は次の駅で降りるかもしれません。椅子にゆったり座り、眠りこけているサラリーマンは終点まで行くのかもしれません。

推理するヒントはいろんなところにあります。そうやって洞察力や観察力を磨き、人の行動原理を知り、心理を読む訓練をするのです。

先日、電車の中である人に注目していると、窓の外ばかり気にしていました。

今日はこれから雨の予報です。他の乗客を見るとほとんどの方が傘を持っていました。そして窓の外を見ているその人を見ると手に傘は持っていません。もしかするとこれから外回りをするので「雨が降らないといいな」とか「傘をどうしようかな」と考えているのではないかと推測しました。

つまり、目の動きとその他周囲の情報を合わせると、そのときの感情が推察できるのです。

そのあと、ポツポツと雨が窓に当たる音が聞こえてきました。するとその方はひと言つぶやきました。「あー最悪」。

このように**人間の仕草、動作には次の行動や、そのときの気持ちを物語るヒントがたくさん隠されている**わけです。ですから、よく注目して観察すると、人間の心理は推察できます。

ただし、あまり見すぎて怖いお兄さんに怒られたり、女性に通報されないように気をつけてくださいね。

カードゲーム「人狼《じんろう》」

「人狼」という実際にウソを見抜くカードゲームがあります。

人狼は、ヨーロッパで生まれた伝統的なゲームです。世界中に広がり、欧米などでルールや対象が変化して、現在も行われています。日本でも深夜番組で放送され、ブレイクしました。

このゲームは実際にウソをつく場面を作り出して、プレイヤー同士がコミュニケーションをとり、心理を見抜いていきます。ですから、実際にウソを見抜くトレーニングになります。

実は私、以前から大手婚活会社の婚活パーティで、人狼のファシリテーターをしています。つまり人狼のプロの司会者なのです。ゲーム数も千回以上はこなしています。また、このゲームをワークとした企業研修も行っています。

人狼を知らない方のために、簡単にルールを説明します。

プレイヤーはそれぞれが「村人」と「村人に化けた人狼」となり、自分自身の正体がばれないように他のプレイヤーと交渉して正体を探ります。

ゲームは半日単位で進行し、昼のターンは、全プレイヤーの投票の多数決で人狼だと思われるプレイヤーが一人決まり、処刑されます。夜のターンは、人狼が村人の一人を指定して襲撃します。

村人が人狼を見つけ出して処刑すれば、村は平和になるので村人の勝ち、村人が人狼を見つけ出せないと、村人は全員襲撃されてしまうので人狼の勝ちとなります。

プレイヤーは人狼容疑者に、「あなたが人狼じゃないの？」「いやあなたの態度はおかしいからやっぱり人狼でしょ？」などと質問し、全員がコミュニケーションをとりながらゲームは進行します。

このゲームをすると、コミュニケーションが人が生活していく上での潤滑油だということがよくわかります。ゲームを通してプレイヤー同士がとっても仲良くなりますし、その人の人間性も垣間見えたりするのです。

このゲームを傍から見ていると、プレイヤーのこんなことがわかります。

・頭の回転の良さ（逆に悪さもわかる）
・コミュニケーション能力
・素直さや腹黒さ
・記憶力
・協調性

私が行っている研修ではこの人狼を使い、ウソを見抜くためのワークとして活用しています。

また、人狼のルール、効果を教え、ファシリテーターを育てるための研修も行っています。会社にファシリテーターが一人いれば、研修後に職場などで継続的に行うことができます。

会社内で行うと参加者はコミュニケーションをとることの重要性がわかりますし、同僚の今まで見たことのない素顔を見ることもでき、親近感が湧きます。

私はなるべく社長や幹部にもゲームに参加してもらって、社員に素顔を見てもらうことをオススメしています。社員が社長に親近感を持ち、人間性を知ってくれると仕事もスムーズに進むからです。

部下とのコミュニケーションに悩む方は、部下と一緒に人狼を体験するといいでしょう。

ウソつき、詐欺師の特徴

私は刑事時代にいろんな詐欺師を取調べしました。年齢もさまざまですし、手口も保険金詐欺、寸借《すんしゃく》詐欺、無銭飲食、職権詐欺などさまざまです。実はウソつきや詐欺師には、特有の特徴があります。

・口がうまい

饒舌です。口から生まれたのではないかと思うくらい、とにかくよく話すのが詐欺師です。よく話す人がいたら注意してください。

・しゃべりが早い、理屈っぽい

テンポより早口で話します。相手に冷静に考えさせないためです。また会話をしていても、何か理屈っぽい感じがするのが特徴です。

・コミュニケーション能力が高い

人を騙すにはコミュニケーション能力が秀でていないと不可能です。人の信頼を得るために気さくに、優しく、フレンドリーに接します。

・「絶対」「必ず」を多用する

「絶対に儲かります」「必ず儲けさせますよ」と結果を強調するのは、常套《じょうとう》手段です。何の不安も抱かせないように自信満々で答えるので信用してしまうのです。

・エサを与えてその気にさせる

おいしい話（エサ）を目の前にぶら下げてその気にさせておいて、違う投資話などで騙します。

・期限を決めて結論を急かす

「今日中に契約していただければ間違いないです」「早めにハンコを押してください」

と期限を決めて結論を急かすのも手口です。お得感を出して期限内の契約を勧めます。

これらが特徴ですが、特に覚えておいて欲しいのは「よく話す」ということです。黙っている時間よりも、話している時間が圧倒的に長いのです。そして黙って聞いていると、何の話をしているのかわからないくらい、話がコロコロ変わったりします。なぜかというと、相手に冷静に考える時間を与えないためです。相手が考え始めると不審な点や矛盾点に気づくかもしれません。だから、話し続け、途中で質問してもすぐに答えずに誤魔化します。

さらに、「もう話が終わらないかな」と思い始めても、相手は話し続けます。そんなふうに話を聞かされ続けると、だんだん正確な判断能力が失われていきます。そうすると、なんとなくわかった情報だけで判断することになり、そして騙されるのです。

だいぶ前の話ですが、あるビジネスをしている方に呼ばれてお話を聞きにいきました。「森さんにいいと思いますよ」と私のメリットになるような投資話でしたので、とりあえず会って聞くことにしたのです。

その方とは久々にお会いしたのですが、会うなりとにかくよく話します。自分のこと、人のこと、本題に入るまでが長いのです。

やっと本題に入ったと思ったら、そこからもいろいろ話すわけです。途中の私の質問には明確には答えません。私としてはモヤモヤした気分だけが残ります。

話を聞いていると結局、私のメリットよりも相手のメリットのほうが大きいということがわかってきました。

私は話の本質を見抜きながら黙って聞いていたので、そんな判断をしたのです。

たくさん与えられる情報の中で、どこに話の本質があるのかを考えながら聞くと、騙されません。

逆に私がいろいろと質問していくと、答えに詰まるようになり、「いやね、森さんね、本当のことを言うとね……」と話し始めたのです。

「本当のことを言うと」、これは話の信用性を高めるための言動のウソのサインです。

「じゃあ今までの話は本当の話ではなかったのか?」と思いましたが、黙って聞き続け、最終的にはお断りしたのです。

知っている方なのでまさか私を騙すことはないと思いましたが、詐欺師のテクニックにとても似ていました。
これは苦笑いの出来事でしたが、とにかくよく話す人には注意が必要です。

危ない会社(人)には「3点離脱法」

ビジネスをする上で相手に「違和感」を感じることがあると思います。その違和感を大事にすることが騙されないコツでもあります。

それは業種によっても違うと思いますし、ビジネス経験によっても変わってくるはずです。しかし、人間は生まれながら直感が働きますから「何かおかしいな」と感じたら危険を回避しましょう。

違和感を1点(カ所)感じたら「注意」、2点感じたら「要注意」、3点感じたら「離脱」です。

離脱する際には、相手に気づかれずにうまく取引をやめることが大事です。

では、違和感とは何でしょうか?

私が言う「違和感」をいくつか紹介します。

・礼儀がない

私はビジネスに友人関係は持ち込まないようにしています。

つまり、ビジネスで親しくなっても、友達にはならないということです。

「親しき仲にも礼儀あり」と言います。つまり親しくなりすぎると、礼儀がなくなる可能性があるのです。それは仕事にも影響します。ビジネスではきっちりした線引きが必要で、なぁなぁではできません。

また、私も経営者ですので、それなりの扱われ方や受けるべき礼儀もあると思うのです。当然ですが、私も相手に失礼のない対応をすることを心がけています。

ですから、友達でもないのに友達のような要求をされたり、無理を言われたり、変に馴れ馴れしくされたりすると違和感を感じます。

・常識がない人

社会人としての常識に乏しい人がいます。

たとえば、セミナーに参加申し込みをしながら連絡もなく欠席する人。当日キャンセルはできないと書いてあるのに、仕事を理由に勝手にキャンセルする人。そもそも仕事は入るものではなく、「入れるもの」です。自分の都合で周りの迷惑を考えないのは、いかがなものでしょうか。

・約束を守らない人

時間を守らない人がいます。時間になってもこない。遅れるとの連絡もない。おまけに遅れてきても謝りもしない。遅れた理由ばかり言い訳している。こんな方がいたら違和感を感じずにはいられません。

時間を守るということは、社会人としての最低限のマナーだからです。

・お金にルーズな人

お金で人の信用は簡単に失います。その重要性を知っていたら、お金の扱いには注意すると思うのです。

特にお金を管理したり、扱う商売をしている人、たとえば、税理士、会計士、銀行員の職業の方でもお金にルーズな人がいます。こんな方を信用できないのは当然です。

支払期日をしっかり守る、借りたお金は小さい金でも忘れずに返す、そんな当たり前のことができない人には違和感を感じます。

・公然と人の悪口を平気で言う人

ビジネスには人脈が必要です。実は刑事時代には、人脈をそれほど意識したことはありませんでした。今考えると警察は法に定められた手続きを踏めば、知りたい情報を知ることができます。ですから、そこまで人脈に飢えていなかったのかもしれません。

しかし、民間では「誰と出会うか」によって仕事は大きく変わります。ですから人脈を大事にしている方が非常に多いし、コミュニケーション術も優れた方が多いように思います。

「人の悪口を平気で言う人」はまわりに敵が多いと思います。もしかすると、他で自分の悪口も言われている可能性があります。悪口は回り回って自分に返ってきます。つまり、悪口ばかり言う人は、ビジネスにおいて人脈の重要性に気づいていない人であるとも言えます。これは、大きな違和感です。

私はこの「3点離脱法」を使って、離脱したケースがあります。

その方は、ある商売を個人でしている方でした。あることがきっかけで知り合い、そのあとにお仕事を一緒にすることになったのです。

打ち合わせをしていたときのことです。雑談の中で突然、私が知っている社長の悪口を言い出したのです。

「あの人は裏で何かおかしなことをしている」という話でした。たまたま私がよく知っている人でしたので「そんなことをする人じゃないけどな……」と思いましたが、そのときは反論せずに聞いていました。これが最初の違和感でした。

そのあと、おつき合いしていく中で、2つ目の違和感がありました。

今度は前回とは違う社長の悪口を言い出したのです。この時点で私は「この人は要注意だな」と感じていました。

そしてしばらくして決定的なことが起こりました。

「ある会社を紹介して欲しい」と頼まれたので、そこの営業マンを紹介したのです。

私としてはその方に良かれと思い、善意で紹介したのですが、結果としては大失敗でした。

紹介した営業マンとたまたま別件で電話をしていて、その方の話を聞いたところ、「無理難題を言われて困っている」ということがわかったのです。

「これはしまった、紹介すべきでなかった」と思い、営業マンにはひたすら謝罪しました。

そのあと、その本人に電話をしたところ、「あの営業マンは使えない。紹介した責任があるんだから社長を紹介してくれ」と言われたのです。これには私も驚きました。当然ながらこんな方を社長に紹介することなどできません。丁重にお断りし、そのあとは仕事が忙しいことを理由にやんわりとおつき合いをやめることにしたのです。

まさに3点離脱法を活用した事例でした。なぜ3点で離脱すべきか？　それは**つき合いが長くなればなるほど離脱が困難になる**からです。

このような人や会社と一緒に仕事をしても楽しくありませんし、いつか必ず痛い目に遭います。裏切られたり、騙されたりすることもあるでしょう。

ですから、違和感を感じたら、早め早めに見切りをつけることが大事です。

刑事の雑談

「本庁と所轄は揉めごとが多い？」

刑事ドラマでよくあるシーン。

「所轄ごときが何言ってるんだ！　お前らどんな仕事してるんだ！」と本庁の刑事が所轄の刑事と揉める場面があります。

あれって実際にあると思いますか？

答えは、まったくないとは言いませんが、基本的にはないです。

刑事には、警察署の刑事課の刑事である通称「所轄」、道府県警察本部（東京は警視庁）の刑事である通称「本庁」に分かれます。

所轄の刑事は、警察署管内で日々発生する事件を捜査します。しかし、大きな事件が発生すると所轄の刑事だけでは解決できないので、本庁の専門部隊が乗り込んでくるのです。

殺人事件であれば捜査一課、大型詐欺事件であれば捜査二課という感じですかね。

刑事ドラマではそこで所轄と本庁のひと悶着があるというストーリーになっています。

通常、応援をもらう側の所轄は会議室を空け、布団を手配したり、仕事をやりやすい環境作りをします。ところが気の利かない所轄もあるので、そこで「おいおい所轄、どうなってんだ?」というイザコザがあるケースもあります。

つまり、捜査方針云々で揉めることより、待遇面で揉めることのほうが多いのです。

とはいえ、所轄の刑事も本庁の刑事も顔見知りが多いので、実際には深刻に揉めるケースは少ないと思いますね。

おわりに

最後までお読みいただきましてありがとうございました。

私が3・11の震災を契機に警察官から独立して早いもので11年になろうとしています。そして処女作として書き上げたのが『元刑事が教えるウソと心理の見抜き方』でした。そして今回、三笠書房様から文庫化のお話をいただき、一部を編集して完成したのがこちらの本です。

世の中は数年続いた新型コロナウイルスによって在宅勤務、オンライン会議の導入などで働き方が変わりました。また飲み会や旅行、イベントなど人と交わる機会もなくなり、会社でも家庭でも、コミュニケーションをとる機会が減りました。しかし、それによってコミュニケーションの重要性が改めて再認識されたようにも思います。やはり、人は人と交わることが必要なのです。

そして世の中は急激に情報化社会になりました。あらゆる情報がインターネットなどを通じて手に入ります。詐欺も多発しており、誤った情報に騙されないようにしないと自らを守ることができない時代なのです。

ウソの見抜き方というスキルはちょっと特殊なコミュニケーションスキルです。

普段何気なく、人のウソを感じてコミュニケーションをとっているものの、明確に「ウソをついてる」と断言できない人がほとんどです。だから世の中、詐欺被害が後を絶ちません。また、それは本当にウソを見抜かなければいけない職業である警察官や刑事、国税調査官、税関職員などもそうなのです。

その状況を変えたい、少しでもウソを感じて見抜けるようになってもらいたい、そして悪いウソに騙されないで欲しい、という思いから書いたのがこの本でもあります。

また、私はウソの見抜き方を研修、講演という形でもお伝えしておりますが、昨今は国税庁税務大学校、財務省税関研修所、国土交通省、国土交通大学校からご依頼をいただき、警視庁、青森県警察などでも登壇するようになりました。

ちなみにどの研修でも必ずアンケートをとっていますが、警察ではどの所属でも最高の評価をいただいています。研修後の質問も止むことがありません。まさにウソを見抜く技術が必要な組織だからでしょう。

後輩の警察官がこの技術を習得してウソが見抜けるようになれば治安は良くなります。そうすることが、私を育ててくれた警察組織への恩返しになると思っています。これからも警察だけではなく、必要とされる人たちに届けていきたいと思っています。

さて、この本の文庫化にあたり、友人でもあり、作家の吉田幸弘さん、フリー編集者の金本智恵さんには大変お世話になりました。心より感謝致します。

ウソのない平和な世の中にすることは現役の警察官にお任せし、私は悪いウソを見抜くことで安心、安全な世の中になるように、これからも頑張っていきたいと思っています。

読者のあなたも悪いウソに騙されないように！

どこかでお会いできる機会を楽しみにしております。

森　透匡《ゆきまさ》

参考文献

『マンウォッチング』デズモンド・モリス著　藤田統訳（小学館）
『しぐさと表情の心理分析』工藤力著（福村出版）
『交渉に使えるCIA流　嘘を見抜くテクニック』P・ヒューストン
M・フロイド　S・カルニセロ　D・テナント著　中里京子訳（創元社）
『FBIトレーナーが教える相手の嘘を99％見抜く方法』ジャニーン・ドライヴァー
マリスカ・ヴァン・アールスト著　川添節子訳（宝島社）
『性犯罪者の頭の中』鈴木伸元著（幻冬舎）
『営業と詐欺のあいだ』坂口孝則著（幻冬舎）
『なぜ、詐欺師の話に耳を傾けてしまうのか？』多田文明著（彩図社）

本書は、明日香出版社より刊行された『元刑事が教える　ウソと心理の見抜き方』を、文庫収録にあたり加筆し、改題したものです。

森　透匡（もり・ゆきまさ）

一般社団法人日本刑事技術協会　代表理事。国税庁税務大学校、財務省税関研修所 研修講師。経営者の「人の悩み」解決コンサルタント。警察の元警部。詐欺、横領、贈収賄事件等を扱う知能・経済犯担当の刑事を約20年経験。東日本大震災を契機に独立し、刑事が職務上体得したスキル、知識を用いてビジネスの発展と社会生活の向上に寄与することを目的とし、一般社団法人日本刑事技術協会を設立。現在は代表理事として「ウソや人間心理の見抜き方」を主なテーマに大手企業、経営者団体など毎年全国１８０か所以上で講演・企業研修を行い、７万人以上が聴講。２０２０年から3年連続で大手エージェントの1万人以上の講師の中から全国№1人気講師に選出された。マッチングアプリ大手運営会社の詐欺防止に関わる有識者会議委員、『高齢者を身近な危険から守る本』（池田書店）の監修など、幅広く活動している。

著書に『元知能犯担当刑事が教える　ウソや隠し事を暴く全技術』（日本実業出版社）、『刑事《デカ》メンタル』（ダイヤモンド社）など。

知的生きかた文庫

元刑事《もとけいじ》が教《おし》える　相手《あいて》のウソの見抜《みぬ》き方《かた》

著者　森《もり》　透匡《ゆきまさ》
発行者　押鐘太陽
発行所　株式会社三笠書房
〒一〇二-〇〇七二　東京都千代田区飯田橋三-三-一
電話〇三-五二二六-五七三四〈営業部〉
〇三-五二二六-五七三一〈編集部〉
https://www.mikasashobo.co.jp
印刷　誠宏印刷
製本　若林製本工場

ISBN978-4-8379-8842-7 C0130

知的生きかた文庫

人生うまくいく人の感情リセット術

樺沢紫苑

この1冊で、世の中の「悩みの9割」が解決できる！　大人気の精神科医が教える、心がみるみる前向きになり、一瞬で「気持ち」を変えられる法。

マッキンゼーのエリートが大切にしている39の仕事の習慣

大嶋祥誉

「問題解決」「伝え方」「段取り」「感情コントロール」……世界最強のコンサルティングファームで実践されている、働き方の基本を厳選紹介！　テレワークにも対応!!

最高のリーダーは、チームの仕事をシンプルにする

阿比留眞二

すべてを〝単純・明快〟に——花王で開発され、著者が独自の改良を重ねた「課題解決メソッド」を紹介。この「選択と集中」マネジメントがあなたのチームを変える！

コクヨの結果を出すノート術

コクヨ株式会社

日本で一番ノートを売る会社のメソッド全公開！　アイデア、メモ、議事録、資料づくり……たった1分ですっきりまとまる「結果を出す」ノート100のコツ。

頭のいい説明「すぐできる」コツ

鶴野充茂

「大きな情報→小さな情報の順で説明する」「事実＋意見を基本形にする」など、仕事で確実に迅速に「人を動かす話し方」を多数紹介。ビジネスマン必読の1冊！

C50474